KOCHEN MIT DEN KÜCHENCHEFS

KOCHEN
KÜCHEN

MIT DEN CHEFS

RALF ZACHERL
MARTIN BAUDREXEL
MARIO KOTASKA

UND WENN WIR ALLE ZUSAMMENZIEHEN?

… könnten wir vielleicht noch mehr verzweifelten Restaurantbesitzern helfen, noch mehr Sendungen drehen …?

Wie auch immer: Das Ereignis »Küchenchefs-Dreh« ist ein mehrtägiger, sehr anstrengender, aufwendiger Dreh mit unterschiedlichsten Gefühlen. Von Unverständnis über zeitweise Wut bis hin zu echter Rührung kommt so ziemlich alles vor, was die Emotionspalette zu bieten hat.

Alles in allem können wir auf jeden Fall sagen: Es lohnt sich, meistens auf jeden Fall. Und auch: Ein Restaurant »mal eben so« zu eröffnen, ohne fundierte gastronomische Erfahrung, das geht selten gut.

Der »Otto-Normal-Restaurantbesucher« denkt beim Essen in der Regel nicht darüber nach, ob es ein geordnetes, sauberes Kühlhaus gibt. Ob in der Küche die Teamarbeit funktioniert, ob hier richtig kalkuliert wird, ein durchdachtes Einkaufsmanagement vorliegt, und und und … Hat es einem nicht geschmeckt, kommt man im Normalfall eben nicht zurück und fand man die Bedienung unfreundlich und nicht kompetent, ist es ebenso. Letzteres ist natürlich Ihr gutes Recht und für sein Geld will man logischerweise auch gut essen und herzlich bedient werden.

Im Grunde ist es zu Hause ähnlich: Auch hier will der Einkauf gut geplant, das Essen auf die Bedürfnisse und Geschmäcker der Familie abgestimmt sein. Nicht umsonst führen wir ausgiebige »Wegwerf-Debatten«, weil so viel Essen einfach in den Hausmüll wandert. Ein wenig wollen wir mit diesem Buch dazu beitragen, vom Frühstück bis zum Abendessen abwechslungsreiche Rezepte auf den Tisch zu bringen.

Auf den ersten Blick wundern Sie sich vielleicht über die ungewöhnlichen Kapitel. Wir haben wirklich lange überlegt: Was für ein Kochbuch wollen wir machen? Eines, sortiert nach Jahreszeiten oder Themen unterschiedlichster Art, machen wir eine Kochschule, gliedern wir das Buch nach Vorspeise, Hauptgang usw. …, bis wir letztlich unsere ureigenen Kapitel geschaffen haben und damit das Buch einfach untergliedert haben nach Themen, die uns Spaß machen, die wir mögen. Und in diesem Sinne hoffen wir natürlich: Sie mögen das Buch ebenso wie wir!

Ralf, Martin und Mario

»Die wichtigste Mahlzeit des Tages! Auch wenn ich selbst jahrelang zur Fraktion ›Kaffee und los‹ gehört habe, ist ein gesundes und ausgewogenes Frühstück das A und O. Ihr könnt so den Grundstein für den ganzen Tag legen und seid gewappnet für alle Herausforderungen. Ob deftig mit Rührei und Speck oder mal 'n Joghurt mit Früchten spielt keine Rolle, nur abwechslungsreich muss es sein. Gebt dem Frühstück eine Chance!«

MARIO KOTASKA

FRÜH-STÜCK

HAUSGEMACHTES KNUSPERMÜSLI »MARTINS ART«

ZUTATEN
für ca. 900 g

300 g Haferflocken
1 Prise Salz
½ EL gemahlener Zimt
50 g Sonnenblumenkerne
100 g Kokosflocken
50 g Kürbiskerne
1 EL brauner Zucker
2–3 EL Ahornsirup
2–3 EL Honig
2–3 EL Öl
100 g getrocknete Aprikosen
80 g Mandelsplitter
100 g getrocknete Cranberrys
100 g getrocknete Kirschen oder Rosinen

—— Backofen auf 160 °C vorheizen. Ein Backblech mit Backpapier auslegen. Haferflocken, Salz und Zimt gut vermengen. In einer anderen Schüssel Sonnenblumenkerne, Kokosflocken, Kürbiskerne, braunen Zucker, Ahornsirup, Honig und Öl mischen.

—— Die zweite Mischung auf die erste geben und alles gut durchmengen. Masse auf dem Backblech verteilen.

—— Das Ganze 5 Minuten im Backofen backen. Aprikosen klein würfeln. Die Knuspermischung auf dem Blech gut durchmischen. Dann die Mandeln dazugeben und die Mischung weitere 10 Minuten backen. Das Müsli gut abkühlen lassen und zum Schluss die getrockneten Früchte untermischen.

Im lichtgeschützen, geschlossenen Behältnis hält das Müsli 2–3 Wochen.

»Bevor mich jetzt Schweizer Leser darauf hinweisen, dass dieses Frühstück nichts mit Müsli zu tun hat, muss ich sagen: Ich weiß, aber mir fällt kein anderer Name ein. Kennengelernt habe ich diese Art von Frühstück in Kanada, im Bäumepflanzercamp. Das Rezept soll eher als Inspiration dienen. Die Mengenangaben müssen nicht wirklich eingehalten werden. Ebenso ist die Zutatenliste äußerst flexibel. Das ›Müsli‹ schmeckt mit Joghurt oder mit Quark. In Verbindung mit frischem Obst und Joghurt hat man hier eine tolle Energiegrundlage für die ersten Stunden nach dem Aufstehen.« **MARTIN BAUDREXEL**

1-2-3-VITAMINJOGHURT
MIT FRÜCHTEN

ZUTATEN
für 4 Personen

5 Minzeblätter

400 g griechischer Joghurt

Saft von 1 Bio-Zitrone

2 EL Honig

1 Apfel

2 Kiwis

1 Papaya oder Ananas

150–200 g Erdbeeren

4 EL Puderzucker

20 g Pinienkerne

20 g Walnusskerne

20 g Sonnenblumenkerne

10 g Cornflakes

Backpapier

—— Minzeblätter fein schneiden. Joghurt mit Zitronensaft und Honig abschmecken, mit der Minze verfeinern. Das Obst waschen bzw. schälen, in »löffelgerechte« Stücke schneiden und dekorativ auf dem Joghurt anrichten.

—— In einer Pfanne 2 EL Puderzucker karamellisieren. Pinien-, Walnuss- und Sonnenblumenkerne darin unter ständigem Schwenken leicht rösten. Nach und nach den verbliebenen Puderzucker dazugeben. Wenn alles geschmolzen ist, die Cornflakes zufügen und einmal durchrühren. Die Knuspermischung sofort aus der Pfanne nehmen und auf Backpapier abkühlen lassen. Vor dem Servieren über den Joghurt »bröseln«.

»Achtung: Der Karamell hat ca. 170 °C, die Hitze ist aber eigentlich gar nicht zu erkennen, da es weder dampft noch zischt. Auf keinen Fall mit dem Finger probieren oder aus Versehen den Löffel in den Mund stecken! Die Früchte sind natürlich je nach Saison variabel. Im Sommer mit frischen Erdbeeren oder Himbeeren der Klopfer! Den Nusskrokant kann man in einem Schraubglas mehrere Tage aufbewahren.«

MARIO KOTASKA

ROASTBEEFSANDWICH

ZUTATEN
4 Personen

8 Scheiben Roggenkrustenbrot
mit ganzen Körnern

Butter zum Bestreichen

1 Karotte

1 Bio-Zitrone

½ Bund Basilikum

1 kleiner Kopfsalat

50 ml Mayonnaise
(siehe Grundlagen S. 243)

200 g rosa Roastbeef in
dünnen Scheiben, kalt

Fleur de Sel

4 Radieschen

etwas Kürbiskernöl

——— Das Roggenbrot dünn mit Butter bestreichen.
Karotte schälen und raspeln. Bio-Zitrone heiß waschen,
trocken reiben und die Schale abreiben. Basilikumblätter abzupfen und in Streifen schneiden. Den Kopfsalat waschen, trocken schleudern und in dünne
Streifen schneiden.

——— Salatstreifen und Karottenraspel vermengen. Mit
Mayonnaise anmachen, Zitronenabrieb und Basilikum
untermischen und den Salat als »Bett« auf 4 Brot-
scheiben verteilen.

——— Roastbeef auf die 4 Brote verteilen und mit Fleur
de Sel würzen. Radieschen waschen, dünn hobeln und
fächerförmig auf das Roastbeef legen. Leicht mit Kürbiskernöl beträufeln und mit jeweils einer zweiten Brot-
scheibe bedecken.

»Um morgens an noch mehr Ballaststoffe zu kommen, kann man das Sandwich zusätzlich mit Kürbis- oder Sonnenblumenkernen anreichern.« **MARIO KOTASKA**

DAS GEWINNER-OMELETT

ZUTATEN
für 4 Personen

2 kleine Zwiebeln

1 EL Olivenöl zum Braten

120 g Brokkoli

1 EL gewürfelter
Räucherspeck

Meersalz

schwarzer Pfeffer

Tabasco

3 Eier

80 g Brie de meaux

1 Schale Gartenkresse

—— Die Zwiebeln schälen, halbieren, in halbe Ringe schneiden und bei mittlerer Hitze in einer beschichteten Pfanne im heißen Öl anbraten. Brokkoli waschen, in ganz kleine Röschen teilen und mit dem Speck zu den Zwiebeln geben. Nach ca. 10 Minuten alles mit Meersalz, Pfeffer und 1 Spritzer Tabasco würzen. Die Eier verschlagen und über das Gemüse geben.

—— Brie in Stückchen schneiden. Kresse abschneiden. Sind die Eier fast gestockt, den Käse in der Mitte des Omeletts verteilen. Omelett zusammenklappen und kurz ziehen lassen. Dann schnell mit der Kresse bestreuen und mit Tabasco servieren.

» Beim Braten des Brokkoli: Wer es etwas weicher haben möchte, einfach einen Topfdeckel (oder den Suppenteller) auf das Gemüse legen, so entsteht Wasserdampf unter dem Deckel und das Gemüse gart schneller – und verbrennt auch nicht so schnell. Statt Brokkoli kann man auch Karotte, Artischocke, Zucchini, Blumenkohl etc. ... verwenden und auch beim Käse kann nach Lust und Laune experimentiert werden!« **RALF ZACHERL**

17

»Ein guter Quickie kommt mit wenigen Zutaten aus, die man schnell einkaufen und im besten Fall in den Werbepausen zubereiten kann. 1. Pause: Vorbereitung (zum Beispiel Spargel schälen, schneiden, marinieren, Salat putzen, Pellkartoffeln aufsetzen), 2. Pause: Fertigstellung (Spargel braten, Salat abschmecken, Pellkartoffeln abgießen, Räucherlachs, Meerrettich und Crème fraîche dazu) – fertig. Manchmal muss es halt schnell gehen, und das geht auch ohne Tütensuppe!«

RALF ZACHERL

QUICKIE

BASILIKUMSUPPE

ZUTATEN
für 4–6 Personen

8 getrocknete Tomaten

100 g Basilikum

500 ml Geflügelfond oder
Gemüsebrühe
(siehe Grundlagen S. 238)

100 g Blauschimmelkäse

schwarzer Pfeffer

evtl. Salz

—— Tomaten in warmem Wasser einweichen. Basilikum waschen und Blätter abzupfen. Fond oder Brühe erhitzen, vom Herd nehmen, übrige Zutaten dazugeben und alles mit einem Mixer oder mit dem Pürierstab fein pürieren.

—— Mit Pfeffer und evtl. mit 1 Prise Salz abschmecken. Sofort servieren, am besten mit etwas geröstetem Brot.

»Bitte diese Suppe gleich verzehren, der frische Basilikum wird schnell grau und sein Aroma geht verloren. Als Variation sind auch die 7 Kräuter für die Frankfurter Sauce super, oder probiert das Rezept mit anderen Wildkräutern, zum Beispiel Brunnenkresse. Schmeckt toll zusammen mit Blattpetersilie.«
MARTIN BAUDREXEL

ORECCHIETTE
MIT BLUMENKOHL

ZUTATEN
für 4 Personen

700 g Blumenkohl

1–2 Knoblauchzehen

Meersalz

Zucker

3 EL Olivenöl

40 g Butter

8 gesalzene Sardellenfilets

300 g gewürfelte Tomaten
(ohne Schale und Kerne)

2 EL gehackte glatte Petersilie

schwarzer Pfeffer

400 g Orecchiette

Peccorino zum Garnieren

—— Blumenkohl putzen, in sehr kleine Röschen teilen und waschen. Knoblauch schälen und andrücken. Blumenkohl mit etwas Meersalz, Zucker und 1 EL Olivenöl marinieren. Anschließend 1 EL Öl und 20 g Butter in einer Pfanne erhitzen, Blumenkohl darin langsam goldbraun braten. In den letzten Minuten den Knoblauch mitbraten. Beiseitestellen und die Knoblauchzehen herausnehmen.

—— Sardellenfilets abspülen, trocken tupfen und grob hacken. Restliche Butter und restliches Olivenöl in einer Pfanne erhitzen, Sardellenfilets darin anschwitzen. Tomatenwürfel und Petersilie dazugeben, mit Pfeffer und Meersalz abschmecken. Mit dem Blumenkohl mischen.

—— Die Orecchiette in sprudelnd kochendem Salzwasser al dente kochen, abseihen und mit dem Blumenkohl-Tomaten-Gemüse gut mischen. Auf vorgewärmte Teller verteilen und mit frisch gehobeltem Peccorino garnieren.

»Nach dem Anrichten noch mit einem guten Schuss Olivenöl beträufeln.« **RALF ZACHERL**

SPECKPFANNKUCHEN
MIT KOPFSALAT

ZUTATEN
für 4 Personen

250 ml Milch

1 TL Backpulver

300 g Mehl

3 Eier

Meersalz

Pfeffer

Muskatnuss

1–2 EL Öl zum Braten

200 g Frühstücksspeck (Bacon)

1 Bio-Zitrone

200 g Joghurt

1 TL Senf

½ TL Rübensirup (alternativ
Honig, Zucker, Ahornsirup)

1 kleiner Kopfsalat

—— Milch, das mit Backpulver gemischte und gesiebte Mehl, Eier, Meersalz, Pfeffer und geriebene Muskatnuss zum Pfannkuchenteig verrühren. In einer backofenfesten Pfanne ein Viertel des Specks in wenig Öl anbraten, ein Viertel Teig zugeben und bei ca. 180 °C im Ofen fertig garen, dabei einmal wenden.

—— In der Zwischenzeit Bio-Zitrone waschen, trocken reiben, Schale abreiben und Saft auspressen. Joghurt mit Senf, Rübensirup, Zitronenabrieb und -saft verrühren und kräftig mit Meersalz, Pfeffer und geriebener Muskatnuss abschmecken. Den Kopfsalat in die einzelnen Blätter zerlegen, gut waschen, schleudern, in mundgerechte Stücke zupfen und mit dem Joghurtdressing marinieren.

—— Wenn der erste Pfannkuchen fertig ist, den zweiten in den Ofen schieben und den ersten zu viert mit Salat essen.

»Wer sich in seiner Küche gut auskennt, der hat schon nach 14 Minuten den ersten Pfannkuchen auf dem Tisch.« **RALF ZACHERL**

SPAGHETTI-PESTO

ZUTATEN
für 4 Personen

80 g Pinienkerne

2 Bund Basilikum

3 Knoblauchzehen

200 ml hochwertiges Olivenöl

100 g frisch geriebener Parmesan

Fleur de Sel

schwarzer Pfeffer aus der Mühle

Zucker

600 g Spaghetti, De Cecco No. 12 (ist meine Lieblings-sorte)

evtl. Parmesan zum Darüberreiben

—— Pinienkerne in einer Pfanne ohne Fett hellbraun rösten. Anschließend gut abkühlen lassen (sonst wird das Pesto grau).

—— Basilikumblätter abzupfen und in ein hohes Gefäß geben. Knoblauch schälen, klein schneiden, zusammen mit dem Olivenöl zufügen und alles mit dem Pürier-stab pürieren. Anschließend die Hälfte der Pinienkerne fein mitmixen. Erst jetzt die restlichen Pinienkerne und den geriebenen Parmesan zugeben und mit Intervall »anmixen«, so bleibt eine schöne Struktur erhalten. Mit Fleur de Sel, Pfeffer und Zucker abschmecken.

—— Die Spaghetti nach Packungsanweisung in Salz-wasser al dente kochen. Mit dem Pesto und etwas vom Nudelwasser in einer Pfanne durchschwenken, eventuell noch Parmesan darüberreiben.

»Beim Nudelkochen gilt folgender Dreisatz: 100 g Pasta – 1 Liter kochendes Wasser – 15 g Salz. Klingt vielleicht komisch, aber um ein Gefühl dafür zu bekommen, solltet Ihr mal alle Zutaten abwiegen. Die meisten Leute kochen nämlich immer noch die Nudeln in zu wenig und zu schwach gesalzenem Wasser. Das haben wir auf unseren Drehs schon oft erlebt! Sind die Spaghetti al dente (die Kochzeit auf der Packung stimmt!), abschütten und auf keinen Fall unter Wasser abspülen! Ansonsten verliert die Pasta die Stärke und kann das Pesto oder eine andere Sauce nicht gut aufnehmen. Wenn man das Pesto auf Vorrat im Kühlschrank hat, braucht man wirklich nur noch die Nudeln zu kochen. Das vorbereitete Pesto zur Aufbewahrung in ein lichtundurchlässiges Gefäß füllen, mit Olivenöl bedecken und in den Kühlschrank stellen. So hat man immer was für seine Pasta. Eine exotische und frische Variante erhält man, wenn man 5–6 Blätter frische Minze mit hinzugibt – besonders im Sommer schön.«
MARIO KOTASKA

»Für manche ist Salat eine Ansammlung von grünen Blättern mit Sauce. Ich finde Salate großartig, weil sie eben nicht nur aus Blättern bestehen müssen, sondern nahezu endlose Kombinationsmöglichkeiten bieten. Glücklicherweise gab es in den letzten Jahren auch ein Wildkräuter-Revival; weg vom Einheitssalat aus Holland, hin zu regionalen, in Vergessenheit geratenen Kräutern und Salaten wie Fetthenne, Brunnenkresse, Portulak.«

MARTIN BAUDREXEL

SALATE

WHISKEY-GERÄUCHERTE FORELLE MIT WILDKRÄUTERN, QUITTEN UND CIDRE

ZUTATEN
für 4 Personen

FÜR DIE FORELLENFILETS

1 kleine Chilischote

1 kleines Stück Ingwer

80 g Salz

2 Lorbeerblätter

3 Pimentkörner

5 Pfefferkörner

2 frische Forellenfilets
(ca. 120 g)

1 Handvoll Jack-Daniels-
Räucherholz, ersatzweise
andere Räucherchips aus
dem Angelshop

2 EL Whiskey

FÜR DIE BEILAGEN

1–2 Quitten

1 TL Zucker

120 ml Cidre
(französischer Apfelwein)

100 ml Birnen- oder Apfelsaft

1 Zweig Rosmarin

schwarzer Pfeffer aus
der Mühle

feines Meersalz

250 g gemischte Wildkräuter;
zum Beispiel breiter Rucola,
Brunnenkresse, Portulak
(gibt's abgepackt im Bioladen;
oder beim Gemüsehändler
bestellen)

3 EL Olivenöl

2 TL Apfelessig

1 TL Senf

—— Chilischote waschen, längs aufschlitzen und entkernen. Ingwer schälen. Beides mit Salz und Gewürzen in 1 l Wasser aufkochen. Sud abkühlen lassen. Die rohen Fischfilets in den Sud legen und über Nacht in den Kühlschrank stellen.

—— Räucherchips 1 Stunde in Wasser einweichen. Quitten schälen und vierteln, Kerngehäuse entfernen, Früchte in grobe Stücke schneiden. Zucker in einer Pfanne schmelzen. Quittenstücke darin karamellisieren. Die Hälfte des Cidre und den Birnensaft angießen. Rosmarin dazugeben und die Quitten je nach Reife 8–10 Minuten nicht zu weich kochen. Kräftig pfeffern und mit 1 kleinen Prise Salz abschmecken.

—— Die Wildkräuter waschen und zerzupfen. Aus dem restlichen Cidre, dem Olivenöl, Essig und Senf eine Vinaigrette rühren. Mit Salz und Pfeffer abschmecken.

—— Ein Blech mit Alufolie auskleiden. Die eingeweichten Räucherchips auf das Blech geben und auf dem Herd zum Glühen bringen. Wenn die Rauchentwicklung beginnt, auf das Blech ein Gitter setzen und darauf die Forellenfilets setzen. Blech vom Feuer nehmen, Forellenfilets mit Whiskey einpinseln und mit Alufolie abdecken, 3 Minuten räuchern lassen.

—— Forellenfilets vorsichtig häuten und der Länge nach halbieren. Auf jeden Teller ein halbes Filet setzen. Die Wildkräuter mit der Vinaigrette vermengen. Die Quitten um die Forellenfilets verteilen, dann den Salat obendrauf setzen.

BROTSALAT
MIT GEGRILLTEN GRÜNEN PEPERONI, TOMATEN UND RINDERFILET

ZUTATEN
für 4 Personen

FÜR DAS DRESSING

2 Tomaten

1 Knoblauchzehe

Salz

1 TL Kreuzkümmelsamen

1½ EL Rotweinessig

Pfeffer aus der Mühle

2 EL Olivenöl extra vergine

3 EL Mandel- oder Haselnussöl

FÜR DEN BROTSALAT

4 lange grüne Peperoni

225 g Ciabatta-Brot

600 g Kirschtomaten

300 g Rinderfilet

4 EL frische Korianderblätter, grob gehackt

2 EL grob gehackte glatte Petersilie

120 g schwarze Oliven

Meersalz

Zucker

schwarzer Pfeffer aus der Mühle

2 EL Olivenöl

—— Einen Topf mit Wasser zum Kochen bringen. Die Tomaten für das Dressing auf der Oberseite kreuzweise einschneiden und den Strunk entfernen. Tomaten kurz ins kochende Wasser geben, sofort in Eiswasser abschrecken und dann die Haut abziehen. Tomaten mit einem Pürierstab fein pürieren.

—— Backofen auf 220 °C vorheizen. Die Peperoni 5–10 Minuten rösten, bis die Haut Blasen wirft. Herausnehmen und mit einem Stück feuchtem Küchenpapier abdecken, das erleichtert später das Entfernen der Haut. Das Brot in Stücke brechen und auf ein Blech legen. Für 10 Minuten im Ofen rösten. Peperoni schälen, entkernen und in Streifen schneiden. Kirschtomaten waschen und den Strunk entfernen. Tomaten je nach Größe halbieren oder vierteln. Das Rinderfilet in dünne Scheiben schneiden.

—— Für das Dressing Knoblauch schälen und mit etwas Salz zerstoßen. Kreuzkümmel in einer Pfanne leicht anrösten, dann zerstoßen. Knoblauch, Kreuzkümmel, Essig, Tomatenpüree, Salz und Pfeffer in einer Schüssel verrühren. Oliven- und Mandelöl einrühren.

—— Das fertig geröstete Brot in eine große Schüssel geben, die Hälfte des Dressings darübergeben, alles gut vermengen und leicht ziehen lassen. Dann Kirschtomaten, Peperoni, Kräuter und Oliven dazugeben, den Rest des Dressings darüber verteilen. Die Rinderfiletscheiben mit 1 EL Olivenöl einreiben, mit Salz, einer kleinen Prise Zucker und Pfeffer würzen, dann kurz und kräftig anbraten.

—— Die Filetscheiben auf dem Salat verteilen, Salat noch einmal mit 1 EL Olivenöl beträufeln.

»Dieser Salat passt im Sommer wunderbar zu Gegrilltem. Das Rinderfilet kann man dann auch kurz auf den Grill legen.« **MARTIN BAUDREXEL**

GESCHMORTER CHICORÉE
MIT VANILLE UND ORANGENPAPRIKA

ZUTATEN
für 4 Personen

1 Vanillestange

8 kleine Chicoréestauden

1 TL Madrascurry

2–3 EL Olivenöl

100 ml trockener Weißwein

50 g Butter

2 Zweige Thymian

2 Bio-Orangen

2 rote Paprika

2 gelbe Paprika

2 Knoblauchzehen

1 Bund Basilikum

1 Kopf feiner Friséesalat

2 Bund Rucola

Zucker

2 Sternanis

Salz

Pfeffer aus der Mühle

etwas dunkler Balsamico

80 g gesalzene Cashewnüsse

———Vanillestange aufschlitzen und das Mark herauskratzen. Chicorée putzen, waschen, halbieren und auf der Schnittfläche in 1–2 EL Olivenöl mit leichter Farbe anbraten, mit Curry bestäuben. Vanillemark hinzugeben und alles kurz mitrösten. Mit Weißwein ablöschen und mit Butter und Thymian bei geschlossenem Deckel weich schmoren.

———Orangen heiß waschen, trocken reiben, Schale abreiben und Saft auspressen. Paprika waschen, in Streifen schneiden, entkernen, schälen und in Streifen schneiden. Knoblauch schälen und fein würfeln. Basilikum waschen, trocken schütteln und Blätter abzupfen.

———Zucker in einer Pfanne karamellisieren lassen und mit Orangensaft ablöschen. Paprika, Knoblauch und Sternanis zugeben und alles bei mittlerer Hitze einköcheln. Kurz vor dem Servieren mit Basilikum und geriebener Orangenschale abschmecken.

———Friséesalat und Rucola waschen und trocken schleudern. Mit dem kalten Schmorsaft marinieren, eventuell mit Salz, Pfeffer, 1 EL Olivenöl und Balsamico abschmecken. Chicorée dekorativ anrichten und mit Orangenpaprika verzieren. Mit Friséesalat, Rucola, Basilikum und Orangenabrieb garnieren, gesalzene Cashewnüsse darüberstreuen.

»Der Salat lässt sich super vorbereiten! Chicorée und Orangenpaprika können schon fertig sein und auch zimmertemperiert gegessen werden – ein vegetarischer Leckerbissen. Wer mag, kann aber auch Garnelen oder eine Wachtelbrust dazu braten.«
MARIO KOTASKA

BUNTER TOMATENSALAT
MIT MOZZARELLA

ZUTATEN
für 4 Personen (Vorspeise)

1 kg gemischte Tomaten, verschiedene Formen, Farben und Größen

Meersalz

1 Knoblauchzehe

1 rote Chilischote

2 Büffelmozzarellas

8 Scheiben Parmaschinken

1 EL Balsamico

2 EL Olivenöl

1 TL gehackter frischer Estragon

1 EL gehacktes frisches Basilikum

1 TL gehackte frische Minze

—— Tomaten waschen, Strünke entfernen, je nach Form und Größe vierteln, halbieren oder in Scheiben schneiden. Tomaten in ein Ablaufsieb geben und mit Meersalz bestreuen. Einmal durchschwenken und erneut mit etwas Meersalz bestreuen. Ca. 15 Minuten marinieren.

—— In der Zwischenzeit Knoblauchzehe schälen und fein zerreiben. Die Chilischote waschen, längs aufschlitzen und entkernen, dann fein würfeln. Die Mozzarellas trocken legen, vierteln und jedes Viertel in 1 Scheibe Parmaschinken einpacken.

—— Tomaten in eine große Schüssel geben und mit Balsamico, Knoblauch und Olivenöl marinieren. Die gehackten Kräuter dazugeben und alles gut vermischen.

—— Die Mozzarella-Parmaschinken-Kugeln in der Pfanne von allen Seiten leicht anbraten und zusammen mit dem Tomatensalat servieren.

»Den Salat nach Belieben mit Basilikumblättern und eventuell Croûtons garnieren. Dadurch bekommt man noch etwas Knuspriges in den Salat.«
RALF ZACHERL

 »*Kinderessen* ist für mich als zweifacher Vater ein absolutes Muss in unserem Buch gewesen! Die gesunde und ausgewogene Ernährung unserer Kinder sollte unbedingt im Vordergrund stehen, und dieser Verantwortung kann sich niemand entziehen. Und noch was: Schmeißt nicht gleich die Flinte ins Korn, wenn die Kleinen mal mit komischen Essgewohnheiten aus dem Kindergarten kommen, à la: ›Ich ess heut nix Grünes oder ›Rot is uncool.‹ Das legt sich auch wieder, ich spreche da aus Erfahrung. Setzt Euch auch unbedingt zusammen an den Tisch und konzentriert Euch auf das, was Ihr esst, also keinen Fernseher, Comics oder Ähnliches. Viel besser ist es doch, aktuelle Sachen und Dinge, zum Beispiel aus dem Kindergarten, zu besprechen oder einfach mal zu fragen, ob die Kleinen genau wissen, was es alles für unterschiedliche Fische gibt. Aber seid nicht gleich frustriert wenn's nicht auf Anhieb klappt …«

MARIO KOTASKA

KINDER-
ESSEN

APFELPFANNKUCHEN

ZUTATEN
für 4 Personen

3 Äpfel

Saft von 1 Bio-Zitrone

250 g Mehl

1 Prise Salz

½ TL Backpulver

3 EL Kokosflocken

500 ml Milch

1 EL Honig

Mark von ½ Vanillestange

4 Eier

Öl, Butter oder Butterschmalz
zum Braten

brauner Zucker und
gemahlener Zimt
zum Bestreuen

—— Äpfel schälen, entkernen und in 1–2 cm dicke halbe Ringe schneiden. In einer Schüssel großzügig mit Zitronensaft vermengen.

—— Mehl sieben, Salz, Backpulver und Kokosflocken untermischen. Milch, Honig und Vanillemark einrühren. Den Teig schön glatt rühren. Jetzt erst die Eier dazugeben und den Teig mit einem Rührgerät oder Mixer 2 Minuten schlagen. Wichtig ist, dass der Teig dickflüssig ist, damit man dicke Pfannkuchen erhält.

—— In einer großen beschichteten Pfanne etwas Öl oder Butter erhitzen. Die Pfanne mit etwas braunem Zucker ausstreuen. Teig einfüllen und gleichmäßig verlaufen lassen, Apfelscheiben darauf verteilen. Pfannkuchen bei mittlerer Hitze 3 Minuten backen, dann umdrehen und 2–3 Minuten fertig backen. Pfannkuchen im Ganzen am Tisch servieren. Zucker und etwas Zimt mischen, Pfannkuchen damit bestreuen.

»Der Pfannkuchen kann auch im Backofen bei 180 °C Ober-/Unterhitze fertig gebacken werden. Anschließend mit Puderzucker bestreuen und im Backofen unter dem Grill schön karamellisieren. Natürlich kann man nach Lust und Laune auch anderes Obst verwenden.« **MARTIN BAUDREXEL**

KARTOFFELNUDELN
MIT TIROLER SCHINKEN UND SCHNITTLAUCH-BUTTERMILCH-SAUCE

ZUTATEN
für 4 Personen

FÜR DIE KARTOFFELNUDELN

500 g gekochte Kartoffeln

170 g Mehl

60 g Hartweizengrieß

4 Eigelb

2 Eier

Mehl für die Arbeitsfläche

1 EL Butter für die Pfanne

FÜR DIE SCHNITTLAUCHSAUCE

4 Schalotten

3 Bund Schnittlauch

50 g Butter

350 ml Geflügelfond
(siehe Grundlagen S. 238)

250 ml Buttermilch

Meersalz

Pfeffer

Zucker

Muskatnuss

1 Spritzer Zitronensaft

8 Scheiben Tiroler Schinken

—— Für den Kartoffelnudelteig Kartoffeln durch eine Kartoffelpresse drücken und mit den übrigen Zutaten zu einem festen Teig verarbeiten (nicht salzen). In Klarsichtfolie einpacken und ruhen lassen.

—— Für die Sauce Schalotten schälen und in Scheiben schneiden. Schnittlauch waschen und in Röllchen schneiden. Schalotten in Butter anschwitzen, mit 250 ml Geflügelfond ablöschen und einkochen lassen. Restlichen Geflügelfond dazugeben und auf die Hälfte einkochen lassen.

—— Während der Fond einkocht, einen Topf mit Salzwasser zum Kochen bringen. Auf einer mit Mehl bestreuten Arbeitsfläche den Teig ½ cm dick ausrollen. Mit einem Teigrad gleich große Rauten schneiden und im siedenden Salzwasser gar ziehen lassen. Wenn die Nudeln oben »schwimmen«, herausheben, abtropfen lassen und in eine gebutterte Pfanne geben.

—— Die Buttermilch zum eingekochten Fond geben, aufkochen und alles mit einem Pürierstab pürieren. Durch ein feines Sieb geben und mit Meersalz, Pfeffer, Zucker und frisch geriebener Muskatnuss abschmecken. Mit Zitronensaft verfeinern

Nudeln in tiefen Tellern anrichten. Sauce nochmals aufmixen und Schnittlauch dazugeben. Sauce über die Kartoffelnudeln geben und mit dem Tiroler Schinken garnieren.

»Man kann die Nudeln noch mit Parmesan bestreuen
oder geschmorte Tomaten dazugeben.«
RALF ZACHERL

FISCHSTÄBCHEN MAL ANDERS

ZUTATEN
für 4 Personen

8 Toastbrotscheiben

500 g grätenfreies Fischfilet,
zum Beispiel Lachs,
Rotbarsch, Zander, Kabeljau
oder gemischt

2 Salatgurken

Salz

1 Zwiebel

1 Bio-Zitrone

1 Bund Dill

100 g Schmand

Pfeffer aus der Mühle

Zucker

1 EL süßer Senf

1 EL scharfer Senf

1 EL Ketchup

1 EL Mayonnaise

1 EL Wasabi

1 EL Sahnemeerrettich

Sonnenblumenöl zum Braten

1 Kopfsalat

—— Ziel ist es, die Kinder zu motivieren, aktiv mitzumachen. Deshalb wird hier von den Eltern ein wenig mehr Vorbereitungsarbeit verlangt. Das Toastbrot entrinden, halbieren und in Form von Fischstäbchen zuschneiden. Gut mit Klarsichtfolie abdecken, es darf nicht austrocknen. Fischfilet ebenfalls in der gleichen Größe vorportionieren.

—— Dazu gibt's Gurkensalat. Zuerst die Gurken schälen und mit einem Hobel hauchdünn hobeln. Anschließend leicht salzen und gut durchkneten. Ca. 30 Minuten stehen lassen. Zwiebel schälen und sehr fein würfeln. Zitrone waschen, trocken reiben, die Schale abreiben und den Saft auspressen. Dill waschen, trocken schütteln und fein hacken. Das aus den Gurken ausgetretene Wasser abgießen. Gurkenscheiben leicht ausdrücken und mit Zwiebelwürfeln, Dill, Schmand und Zitronensaft sowie ein wenig Zitronenschale anmachen. Vor dem Servieren unbedingt mit Salz, Pfeffer und Zucker abschmecken.

—— Senf, Ketchup, Mayonnaise, Wasabi, Meerrettich (oder was man sonst noch mag) in kleine Gefäße füllen. Gut eignen sich auch verschiedene Gewürze in diversen Gewürzmühlen. Je höher der Anteil an Abwechslung und »Unbekanntem« ist, umso größer ist das Interesse am Probieren. Und dann geht's los. Die Eltern erklären kurz die Spielregeln: Jedes Kind darf alles, was es will, auf sein gewähltes Fischfilet streichen. Voraussetzung ist allerdings, dass es später auch aufgegessen wird.

—— Anschließend werden die Toastbrotstreifen von beiden Seiten auf die Fischportionen gelegt, und die so entstandenen Stäbchen werden vorsichtig auf den Brotseiten in Sonnenblumenöl knusprig gebraten.

—— Kopfsalat putzen, waschen und trocken schleudern. Fischstäbchen darauf anrichten.

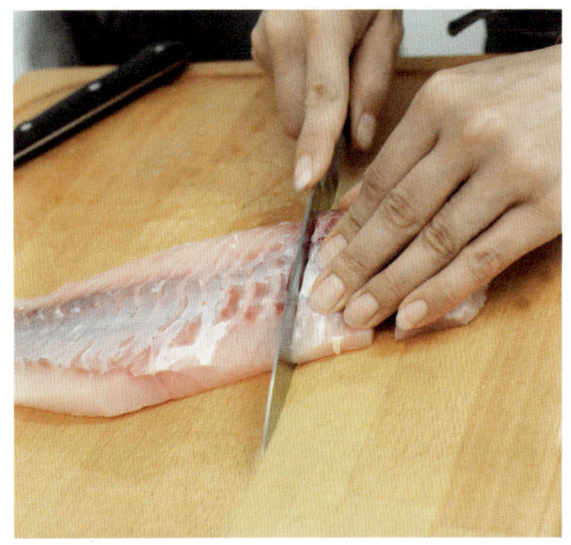

»Die Fischstäbchen sind etwas Besonderes, das die Kinder selbst gemacht haben. Somit sind Neugier und auch die Lust zum Mitmachen vorprogrammiert. Sie schmecken übrigens nicht nur mit Gurkensalat, sondern auch mit Kartoffelsalat oder Gemüse.«
MARIO KOTASKA

FRIKADELLCHEN
MIT KARTOFFEL-KAROTTEN-GEMÜSE

ZUTATEN
für 4 Personen

1 Brötchen vom Vortag

1 Bund glatte Petersilie

2 Zwiebeln

3 EL Sonnenblumenöl
zum Braten

600 g gemischtes Hack aus
dem Metzgerfachgeschäft

2 Eier

2 TL Senf

1 TL Ketchup

Salz

Pfeffer aus der Mühle

500 g mehligkochende
Kartoffeln

4 Karotten

100 g Butter

50 g Crème fraîche

Muskatnuss

———— Zuerst die Frikadellen zubereiten: Brötchen einweichen. Petersilie waschen, trocken schütteln und hacken. Zwiebeln schälen, fein würfeln und in 1 EL heißen Sonnenblumenöl hellbraun anbraten. Zusammen mit der Hälfte der gehackten Petersilie zum Hack geben, ausgedrücktes Brötchen, Eier, Senf und Ketchup zufügen und alles verkneten. Mit Salz und Pfeffer würzen. Anschließend zu kleinen Frikadellen formen. Hierfür am besten die Hände gut mit kaltem Wasser befeuchten. Dann bekommt die Frikadelle eine schöne geschlossene Oberfläche und wird dadurch auch krosser. Frikadellen in einer Pfanne im restlichen Öl langsam von beiden Seiten knusprig braten.

———— Für das Kartoffel-Karotten-Gemüse die Kartoffeln und Karotten schälen. Kartoffeln in kaltem, gesalzenem Wasser aufsetzen. Sobald sie kochen, die in grobe Stücke geschnittenen Karotten zugeben und alles zusammen weich kochen. Inzwischen die Butter bräunen. Kartoffeln und Karotten abschütten, gut ausdampfen lassen und mit einem Kartoffelstampfer zerstampfen. Mit gebräunter Butter, Crème fraîche, Salz, frisch geriebener Muskatnuss und der verbliebenen Petersilie abschmecken.

»Macht die Frikadellen beim nächsten Mal mit Kalbsfleisch! Es ergibt das beste und leckerste Hack und ist zudem eine tolle Ernährungsergänzung. Einfach vom Kalbsbraten oder Kalbsrücken die Abschnitte einfrieren und, wenn genug zusammengekommen ist, durch einen Fleischwolf lassen. Frikadellen dann wie oben beschrieben herstellen. Man rechnet pro Kilogramm fertige Hackmasse 18 g Salz. Das ist die Ableitung einer Bratwurstrezeptur und klappt immer! Aber genau abwiegen!«
MARIO KOTASKA

»Ich liebe Suppen! Das Beste an Suppen ist, dass sich fast alle ohne viel Verlust auf Vorrat kochen lassen. Das heißt, ihr müsst nur einmal eine große Portion zubereiten (gleich die doppelte Menge!), dann die eine Hälfte der kochenden Suppe in ein Einmachglas. Die ist im Kühlschrank mindestens zwei Wochen haltbar. Für grüne Suppen einfach die Grundsuppe einwecken und dann das Grün (zum Beispiel Spinat, Kopfsalat oder Kräuter) frisch einmixen.« **RALF ZACHERL**

SUPPEN

SPINAT-KICHERERBSEN-SUPPE MIT ZIEGENKÄSE UND MANDELKROKANT

ZUTATEN
für 4 Personen

FÜR DEN KROKANT

1 EL Butter

100 g Zucker

120 g gehackte Mandeln

FÜR DIE SUPPE

500 g Kichererbsen aus der Dose

300 g Spinat

2 Schalotten

2 EL Olivenöl

1 Knoblauchzehe

1 TL gemahlener Koriander

1 TL gemahlener Kreuzkümmel

1 TL Kurkuma

½ TL gemahlener Zimt

½ TL gemahlene Muskatnuss

1 TL fein geriebener Ingwer

1 l Geflügelfond oder Gemüsebrühe (siehe Grundlagen S. 238)

feines Meersalz

schwarzer Pfeffer aus der Mühle

Saft von ½ Bio-Limette

2 EL Crème fraîche

200 g Ziegenkäse (Rolle)

etwas Mandelöl

—— Für den Mandelkrokant die Butter und den Zucker in einem kleinen Topf schmelzen lassen. Mandeln unterrühren und auf einem Teller mit Backpapier abkühlen lassen.

—— Kichererbsen auf ein Sieb gießen, gut abspülen und abtropfen lassen. Spinat verlesen, waschen und abtropfen lassen. Schalotten schälen, grob würfeln und in 1 EL heißem Olivenöl anschwitzen. Knoblauchzehe schälen, andrücken und mit den Gewürzen dazugeben. Alles kurz mitschwitzen. Kichererbsen und Fond dazugeben, aufkochen lassen. Alles mit dem Pürierstab fein pürieren. Dabei den Spinat roh mit einarbeiten. Mit Salz, Pfeffer und Limettensaft abschmecken. Zum Schluss mit 1 oder 2 EL Crème fraîche verfeinern.

—— Den Ziegenkäse mit einem Draht oder einem befeuchteten Messer in Scheiben schneiden. In einer beschichteten Pfanne 1 EL Olivenöl erhitzen. Die Käsescheiben darin kurz anbraten und pfeffern. Dabei immer nur 2 oder 3 Scheiben in die Pfanne geben, da es sehr schnell geht. Lieber nacheinander in zwei oder drei Runden braten, um ein schönes karamellisiertes Ergebnis zu erhalten.

—— Zum Anrichten die Suppe mit dem Pürierstab schaumig mixen und auf Suppenteller verteilen. In jede Suppe ein Stück Ziegenkäse geben. Mandelkrokant grob zerbröseln und darüber verteilen. Zum Schluss mit ein paar Tropfen Mandelöl verfeinern.

»Das Rezept funktioniert auch mit Tiefkühlspinat.
Diesen aber nach dem Auftauen gut ausdrücken!
Ziegenkäse goldgelb braten ist nicht ganz einfach.
Zuviel Käse in der Pfanne heißt, die Hitze geht weg
und der Käse läuft aus. Wer sicher gehen will,
brät die Scheiben lieber einzeln und mit großzügig
Olivenöl.« **MARTIN BAUDREXEL**

GELBE LINSENSUPPE
MIT GERÄUCHERTER BLUTWURST

ZUTATEN
4 Personen

1 Zwiebel

1 Karotte

2 Knoblauchzehen

20 g Ingwer

2 EL Butter

300 g gelbe Linsen

weißer Balsamico

600 ml Geflügelfond
(siehe Grundlagen S. 238)

150 g schnittfeste geräucherte
Blutwurst aus dem Metzgerfachgeschäft

etwas Mehl

1–2 EL Sonnenblumenöl

2 Frühlingszwiebeln

etwas frischer Koriander

200 ml ungesüßte Kokosnussmilch

Salz

Pfeffer aus der Mühle

Muskatnuss

—— Zuerst die Linsensuppe ansetzen, am besten in einem Schnellkochtopf (kurze Garzeit, voller Vitamin-erhalt und eine tolle Farbe!). Zwiebel, Karotte, Knob-lauch und Ingwer schälen, fein schneiden und in Butter anbraten. Linsen hinzugeben, mit einem Schuss Balsa-mico ablöschen und mit Geflügelfond auffüllen (Achtung: Noch kein Salz zufügen, da die Linsen sonst nicht rich-tig weich werden.). Deckel auflegen, Kochstufe I ein-stellen und ca. 15 Minuten köcheln lassen.

—— Die Blutwurst in mundgerechte Scheiben schneiden, leicht mehlieren und im heißen Sonnenblumenöl goldgelb braten. Bevor sie als Einlage in die Suppe kommt, auf einem Stück Küchenpapier gut entfetten.

—— Frühlingszwiebeln und Koriander waschen und sehr fein schneiden. Anschließend den Kochtopfdeckel öffnen, Kokosnussmilch zufügen, leicht einköcheln lassen und alles mit dem Pürierstab pürieren. Suppe mit Salz, Pfeffer und frisch geriebener Muskatnuss abschmecken. Linsensuppe in Teller verteilen, Blutwurst vorsichtig hineingeben, mit Frühlingszwiebeln und Koriandergrün garnieren.

»Ich finde es immer schön, wenn die Suppe noch ein wenig Struktur hat, deshalb nach dem Pürieren nicht mehr durch ein Sieb passieren. Gebt beim Mehlieren der Blutwurst mal etwas gemahlenen Zimt ins Mehl – eine Granate!« **MARIO KOTASKA**

KOHLRABISUPPE
MIT STILTON
UND GARNELEN

ZUTATEN
für 4–6 Personen

600 g Kohlrabi

2 Schalotten

70 g Butter

Zucker

Meersalz

Pfeffer aus der Mühle

Muskatnuss

1 l Geflügelfond
(siehe Grundlagen S. 238)

150 g Stilton

120 ml Sahne

12 Tiefseegarnelen
(Größe 8/12)

1–2 EL Olivenöl

2 EL fein geschnittener
Schnittlauch

———— Kohlrabi schälen (400 g sollen übrig bleiben) und würfeln. Schalotten schälen und fein schneiden, in der Butter glacieren, ohne dass sie Farbe annehmen. Die gewürfelten Kohlrabistücke dazugeben und etwas mitglacieren. Mit Zucker, Meersalz, Pfeffer und frisch geriebener Muskatnuss würzen. Dann mit dem Geflügelfond auffüllen und den Kohlrabi darin ca. 15 Minuten weich kochen.

———— Stilton würfeln. Wenn der Kohlrabi gar ist, Sahne dazugeben, aufkochen, mit dem Pürierstab pürieren und durch ein feines Sieb passieren. Suppe erneut auf den Herd stellen und den Stilton darin unter ständigem Rühren auflösen.

———— Garnelen schälen, an der Oberseite leicht einritzen und den dunklen Darm entfernen. Jede Garnele in drei Teile schneiden, würzen und im Olivenöl braten. Suppe in Teller füllen, jeweils 6–9 Garnelenstücke pro Portion zufügen und mit Schnittlauch bestreuen.

»Suppe koche ich immer etwas mehr, denn die meisten schmecken beim Aufwärmen eher noch besser. Außerdem spart es eine Menge Zeit.« **RALF ZACHERL**

EINTOPF VON FREILAND-HUHN MIT WURZELWERK UND INGWER

ZUTATEN
für 4 Personen

4 Hähnchenkeulen vom Biobauern

3 Knoblauchzehen

Meersalz

3 Lorbeerblätter

1 TL schwarze Pfefferkörner

3 Zweige Thymian

4 Wacholderbeeren

2 Gewürznelken

2 Petersilienwurzeln

2 Karotten

1 Lauchstange

½ Sellerieknolle

1 Zwiebel

Zucker

1 daumengroßes Stück Ingwer

Muskatnuss

1–2 EL Olivenöl

¼ l Weißwein

1 Bund Schnittlauch (oder Petersilie, Basilikum, Kerbel, Kresse)

—— Hähnchenkeulen waschen und trocken tupfen, von Haut und Knochen lösen. Fleisch in mundgerechte Stücke schneiden und kalt stellen. Knoblauch schälen und andrücken. Die Knochen und Häute nun mit ca. 4 l kaltem Wasser bedecken, leicht salzen, langsam erhitzen. Sobald der Fond anfängt zu kochen, Hitze reduzieren und den Schaum sowie das Fett abschöpfen. Nach ca. 20 Minuten Lorbeer, Pfefferkörner, Thymian, Wacholderbeeren, Gewürznelken und geschälten Knoblauch zugeben.

—— Inzwischen das gewaschene Gemüse und die Zwiebel schälen, in mundgerechte Stücke schneiden, mit Meersalz und Zucker bestreuen und beiseitestellen. Ingwer schälen, die Schalen mit den Gemüseschalen zum Fond geben und ca. 20 Minuten ziehen lassen. Danach alles durch ein feines Sieb passieren und nochmals abschmecken.

—— Fleisch mit Meersalz, Zucker und geriebener Muskatnuss würzen, im heißen Olivenöl anbraten, mit dem Weißwein ablöschen und etwas einkochen lassen. Dann mit dem Fond auffüllen, bei mittlerer Hitze ca. 20 Minuten garen (nicht kochen). Anschließend das gewürzte Gemüse dazugeben und nochmals ca. 20 Minuten ziehen lassen.

—— Die fertige Suppe mit Schnittlauchröllchen oder gehackten frischen Kräutern nach Geschmack servieren.

»Wenn Ihr diese Suppe kocht, macht immer gleich die doppelte Menge, denn dieser Eintopf schmeckt beim zweiten Mal garantiert nicht schlechter. Beim Gemüse kann natürlich je nach Saison und eigenem Geschmack alles verwendet werden – Spitzkohl, Kraut, Wirsing, Zucchini. Und Ihr könnt noch feine Nudeln, Kartoffelwürfel und frisches Brot dazu servieren. Hühnereintopf ist super gegen Erkältung und ein richtiger Energieschieber! « **RALF ZACHERL**

»Fisch in der Pfanne zuzubereiten ist ganz easy! Man muss sich nur an ein paar Regeln halten, dann hat man ganz schnell ein tolles, leckeres Essen. Auf Folgendes bitte achten: 1. Nehmt eine beschichtete Pfanne, keine gusseiserne, 2. Fisch vor dem Braten würzen (salzen), 3. Der Fisch braucht eine ›Schutzschicht‹; den Fisch vor dem Braten also immer zumindest mehlieren. Die Haut kann natürlich auch als Schutzschicht fungieren, ebenso eine Kruste, 3. Den Fisch nie zu heiß braten! Er braucht weniger Hitze als ein Stück Fleisch, 4. Die ›Präsentationsseite‹ wird zuerst gebraten! Die Hautseite ist die Präsentationsseite (egal ob die Haut noch dran ist oder nicht). Wenn Ihr ein Filet mit Haut bratet, die andere Seite am Schluss nur noch mit der Restwärme fertig garen.« **MARTIN BAUDREXEL**

FISCH AUS DER PFANNE

GEBRATENES DORADENFILET
MIT PAK-CHOY UND AUBERGINENRELISH

—— Für das Relish die Auberginen einstechen und im Backofen bei 200 °C ca. 45 Minuten rösten. Die Auberginen sollten schön weich sein. Danach auskühlen lassen. Das Fleisch aus der Schale kratzen und hacken.

—— Knoblauch und Ingwer schälen und fein hacken. Zwiebeln schälen und würfeln. Frühlingszwiebeln waschen und fein schneiden. Tomaten waschen und grob zerschneiden. Koriander waschen, trocken schütteln und hacken.

—— Öl in einem Topf erhitzen. Kreuzkümmelsamen mit Knoblauch und Ingwer 1–2 Minuten darin rösten. Zwiebeln zufügen, 5 Minuten braten. Frühlingszwiebeln und Tomaten dazugeben. Gehacktes Auberginenfleisch untermischen. Restliche Gewürze dazugeben und alles 10 Minuten köcheln lassen. Relish mit Salz, Pfeffer, Koriander und Zitronensaft abschmecken.

—— Den Pak-Choy der Länge nach halbieren und waschen. Knoblauch schälen und andrücken. In einer Pfanne den Pak-Choy im heißen Öl auf der Schnittfläche anbraten. Dabei mit 1 kleinen Prise Zucker und Pfeffer würzen und die Knoblauchzehe dazugeben. Mit Sojasauce ablöschen. Deckel daraufsetzen und gar ziehen lassen.

ZUTATEN
für 4 Personen

FÜR DAS AUBERGINEN-RELISH

3 mittelgroße Auberginen
4 Knoblauchzehen
1 großes Stück Ingwer
3 mittelgroße rote Zwiebeln
3 Frühlingszwiebeln
2 Tomaten
½ Bund Koriander
3 EL Olivenöl
1 TL Kreuzkümmelsamen
1 TL gemahlener Koriander
½ TL Garam Masala
½ TL getrockneter Chili
Salz
Pfeffer
Saft von ½ Bio-Zitrone

FÜR DAS GEMÜSE

4 Köpfe junger Pak-Choy (aus dem Asialaden)
1 Knoblauchzehe
2 EL Öl zum Braten
1 Prise Zucker
Pfeffer
Sojasauce

FÜR DEN FISCH

2 Knoblauchzehen

4 Doradenfilets
(oder je nach Größe
8–12 Kleine)

etwas Mehl

Olivenöl

Salz

Zucker

1 TL Butter

abgeriebene Schale von
½ Bio-Zitrone

—— Knoblauchzehen schälen und andrücken. Doradenfilets auf der Hautseite mit einem scharfen Messer leicht einritzen. Dadurch erhält man ein besseres Ergebnis beim Braten, denn sie ziehen sich weniger zusammen. Doradenfilets kurz auf der Hautseite mehlieren, mit Salz und 1 kleinen Prise Zucker würzen.

—— Olivenöl in einer beschichteten Pfanne erhitzen (weniger heiß als bei einem Steak). Fischfilets auf der Hautseite knusprig braten. Nach 2 Minuten die Hitze ausschalten. Butter, Zitronenabrieb und Knoblauch zufügen. Doradenfilets umdrehen und gar ziehen lassen. Die Filets sollten allerdings noch glasig sein.

—— Auf jeden Teller in die Mitte zwei Hälften Pak-Choy legen, darauf das Doradenfilet setzen. Das Relish darum herum verteilen.

»Das Relish lässt sich gut vorbereiten. Es schmeckt auch kalt mit getoastetem Pitabrot und einem Tomatensalat sehr gut.« **MARTIN BAUDREXEL**

WEISSER FISCH
MIT WARMER APFELVINAIGRETTE UND CIMA DI RAPA

ZUTATEN
für 6 Personen

FÜR DAS GEMÜSE

1 Bund (400 g) Cima di Rapa

1 Knoblauchzehe

1 EL Olivenöl

feines Meersalz

Zucker

schwarzer Pfeffer aus
der Mühle

Muskatnuss

FÜR DIE VINAIGRETTE

2–3 Äpfel

Saft von ½ Zitrone

2 Schalotten

50 ml Traubenkern- oder
Sonnenblumenöl

50 ml Cidre (franz. Apfelwein)

50 ml Walnuss-, Haselnuss-
oder Mandelöl

2 EL Apfelessig

feines Meersalz

1 kleine Prise Zucker

schwarzer Pfeffer aus
der Mühle

FÜR DEN FISCH

700–800 g Filet vom Dorsch,
weißen Heilbutt oder Kabeljau

feines Meersalz

Zucker

Pfeffer aus der Mühle

6 TL Mehl

6 TL fein geriebener frischer
Parmesan

Öl zum Braten

——Vom Rapa die dicken Stielenden abschneiden (ist er jung und die Stängel sind dünn, kann man sie mitessen). Sind die Blätter schon sehr groß und die brokkoliartigen Triebe bereits ausgeprägt, sollte man die Blätter abzupfen. (Die Triebe lassen sich wie Brokkoli zubereiten.) Rapa waschen und in grobe Stücke zupfen. Knoblauch schälen.

——Äpfel waschen, trocken reiben und ungeschält fein würfeln, mit dem Zitronensaft vermengen. Schalotten schälen, halbieren und in Streifen schneiden. In einem kleinen Topf etwas Öl erhitzen, Schalotten darin farblos anschwitzen. Den Cidre angießen und zur Hälfte einkochen. Topf vom Herd nehmen. Öle und Essig einrühren. Mit Salz, Zucker und Pfeffer abschmecken.

——Die Fischfilets mit Meersalz, einer 1 Prise Zucker und Pfeffer würzen. Mehl und Parmesan gut vermengen, die Filets darin wenden und die Panade dabei fest andrücken. In einer beschichteten Pfanne reichlich Öl erhitzen. Die Fischfilets darin 3–4 Minuten von beiden Seiten goldbraun braten. Anschließend aus der Pfanne nehmen und warm stellen.

——Die Pfanne mit Küchenpapier auswischen, den Rapa mit etwas Olivenöl und der angestoßenen Knoblauchzehe sautieren. Mit Salz, etwas Zucker, Pfeffer und frisch geriebener Muskatnuss würzen.

——Die Vinaigrette wieder erwärmen, die Apfelwürfel untermengen und nochmals erhitzen, aber nicht kochen. Rapa in die Mitte der vorgewärmten Teller geben. Die Fischfilets daraufsetzen und die Apfelvinaigrette darauf verteilen. Dazu passen Kohlrabigemüse oder Selleriepüree.

»Fisch mit Käse? Auf gar keinen Fall!‹ Doch hier funktioniert es ganz gut. Cima di Rapa ist ein italienisches Blattgemüse, zu Deutsch Stielkohl.«
MARTIN BAUDREXEL

BRATKARTOFFELN
MIT RÄUCHERFISCH
UND RADIESCHEN

ZUTATEN
für 4 Personen

1 Bio-Zitrone

1 EL Essig

100 g Schmand

1 TL grober Senf

Salz

Pfeffer aus der Mühle

Zucker

200 g Radieschen

1 Kopfsalat

1 Bund Schnittlauch

2 rote Zwiebeln

500 g Räucherfisch, zum
Beispiel Makrele oder Forelle

4 Frühlingszwiebeln

800 g gekochte Kartoffeln
vom Vortag

Sonnenblumenöl zum Braten

20 g Butter

Muskatnuss

—— Bio-Zitrone heiß waschen, trocken reiben und die Schale abreiben, Saft auspressen. Aus Essig, Saft und Abrieb der Zitrone, Schmand, Senf, 1 Prise Salz, Pfeffer aus der Mühle und 1 Prise Zucker eine Salatmarinade herstellen. Radieschen putzen, waschen und mit einem Hobel in dünne Scheibchen schneiden. Kopfsalat waschen, schleudern und in dem Dressing marinieren.

—— Schnittlauch für den Salat waschen, trocken schütteln und in Röllchen schneiden. Zwiebeln schälen und in Streifen schneiden. Den Fisch zerzupfen. Frühlingszwiebeln waschen und fein schneiden. Die Kartoffeln in gleichmäßige Scheiben schneiden.

—— Kartoffeln in Sonnenblumenöl und Butter anbraten. Dabei darauf achten, dass die Pfanne nicht zu oft geschwenkt wird und die Kartoffeln auch wirklich braten können! Wenn sie schön gebräunt sind, Zwiebeln hinzufügen und alles zusammen schön kross weiterbraten. Erst jetzt mit Salz und frisch geriebener Muskatnuss würzen.

—— Unmittelbar vor dem Servieren die Kartoffeln auf Küchenpapier geben und entfetten. Zurück in die Pfanne geben, Fischstückchen und Frühlingszwiebeln zufügen. Der Fisch soll nur mit erwärmt werden, aber nicht zu lange, da das Räucheraroma sonst zu penetrant wird. Schnittlauch unter den Salat mischen und alles sofort servieren.

»Dieses Gericht ist so eine Art ›Pfannengröstl‹ und lässt sich prima mit gekochten Kartoffeln vom Vortag herstellen. Statt Räucherfisch kann man auch bestens Bratenreste verwenden. Falls die Kartoffeln frisch gekocht werden sollen, bitte festkochende Kartoffeln verwenden und diese in der Schale mit Salz, Kümmel und Lorbeerblatt kochen. Dann abkühlen lassen, pellen und in Scheiben schneiden. So einfach es dann auch klingt: Hier ist Sorgfalt und Geduld gefordert!« **MARIO KOTASKA**

GEBACKENER KARPFEN
OHNE KARTOFFELSALAT

ZUTATEN
für 4 Personen

1 küchenfertiger Karpfen
(ca. 1½ kg) vom Fischhändler
Eures Vertrauens

2 EL helle Sojasauce

2 EL Reiswein

Öl zum Frittieren

1 Knoblauchzehe

4 Frühlingszwiebeln

2 EL fein geschnittener Ingwer

2 EL Honig

1 EL dunkle Sojasauce

4 EL gelbe Bohnenpaste
(aus dem Asialaden)

1 Zimtstange

2 Sternanis

200 ml Geflügelfond
(siehe Grundlagen S. 238)

2 EL Sesamöl

100 g geröstete
Haselnussblättchen

—— Karpfen waschen und trocken legen. Den Fisch auf beiden Seiten diagonal im Abstand von ca. 2 cm auf die Mittelgräte einschneiden. In eine Schüssel legen, mit der hellen Sojasauce und Reiswein 15–20 Minuten marinieren. Fisch herausnehmen, abtropfen lassen und die Marinade separat aufbewahren.

—— Einen Wok (oder große Pfanne) zu einem Viertel mit Öl auffüllen und auf ca. 190 °C erhitzen. Den Fisch am Schwanz halten und in den heißen Wok gleiten lassen. Den Körper etwas biegen, sodass sich die Einschnitte öffnen und der Fisch gleichmäßig gart. Danach wenden und nochmals für ca. 5 Minuten garen, immer wieder mit dem Öl übergießen. Karpfen herausnehmen und auf ein Küchenpapier legen und im vorgeheizten Backofen bei 100 °C ziehen lassen.

—— Knoblauch schälen und durchpressen. Frühlingszwiebeln waschen und fein schneiden. Das Öl bis auf 2–3 EL aus dem Wok abgießen. Ingwer, Frühlingszwiebeln, Knoblauch, Honig, dunkle Sojasauce, Bohnenpaste, Marinade vom Karpfen und Gewürze dazugeben. Einige Minuten rühren und Geflügelfond angießen. Dann den Karpfen in den Wok geben und ca. 6 Minuten köcheln lassen, dabei den Fisch ständig begießen. Nach 3 Minuten wenden. Karpfen anrichten, mit dem Sesamöl beträufeln, Sauce und Haselnussblättchen darübergeben und sofort servieren.

»Als Beilage eignen sich Reis, Pak-Choy, Spinat und Shiitakepilze – je nach Angebot und Geschmack.«
RALF ZACHERL

»*Dicke Hose* soll Euch auf keinen Fall abschrecken, ist aber schon was für Geübte. Daher das Rezept ruhig erst mal für sich und seine bessere Hälfte ›im Kleinen‹ üben, bevor man Gäste einlädt. Meine Rezepte zu diesem Kapitel hab ich auch im *La Société* schon in ähnlicher Weise gekocht, das heißt also, sie klappen garantiert und haben so einen kleinen ›Sterne‹faktor, und Ihr könnt damit 'ne Menge Eindruck schinden!« **MARIO KOTASKA**

DICKE
HOSE

KROSSER WOLFSBARSCH
MIT WINTERTRÜFFEL, GARNELEN UND LAUCH

ZUTATEN
für 4 Personen

FÜR DIE TAGLIATELLE

1 Bund Basilikum

10 Zweige Thymian

1 Bund Estragon

10 Schalotten

6 Knoblauchzehen

2 Bund Frühlingszwiebeln

Salz

Zucker

Muskatnuss

8 Garnelen (Seawater, Größe 8/12), ohne Kopf

2 EL Olivenöl zum Braten

50 ml Cognac

100 ml Weißwein

50 ml Noilly Prat

200 ml Geflügelfond (siehe Grundlagen, S. 238)

150 g Schältomaten aus der Dose

1 Sternanis

10 Korianderkörner

1 EL + 100 g Butter

100 ml Sahne

60 g Wintertrüffel aus dem Perigord

200 g frische Tagliatelle

FÜR DEN WOLFSBARSCH

4 Wolfsbarschfilets à 80 g

Salz

Pfeffer aus der Mühle

etwas Mehl

1–2 EL Olivenöl

½ EL Butter

—— Für die Sauce Kräuter waschen, trocken schütteln und fein schneiden. Schalotten schälen und fein würfeln. Knoblauch schälen und andrücken.

—— Garnelen schälen und die Schalen in 1 EL Olivenöl anrösten. Mit Cognac, Weißwein und Noilly Prat ablöschen, einkochen lassen. Anschließend mit Geflügelfond und Schältomaten auffüllen. Schalotten, das ganze Basilikum, je die Hälfte von Estragon und Thymian (Rest für den Wolfsbarsch beiseitestellen), Sternanis, Korianderkörner und 3 Knoblauchzehen (3 beiseitestellen) zufügen und alles 20 Minuten leicht köcheln lassen.

—— Frühlingszwiebeln waschen und in gleichmäßige Stücke schneiden, mit Salz, Zucker und frisch geriebener Muskatnuss marinieren und 20 Minuten ziehen lassen. Danach die Frühlingszwiebeln in 1 EL Butter andünsten. Saucenansatz durch ein Sieb abpassieren, 100 g Butter und Sahne zufügen und mit dem Pürierstab aufmixen.

—— Die Garnelen fein würfeln und in 1 EL Olivenöl ohne Farbe anbraten. Mit den Frühlingszwiebeln vermengen und zum Schluss die in Würfelchen geschnittenen Trüffel kurz mit anschwitzen. Alles mit einem Schuss der Sauce vermengen.

—— Tagliatelle in reichlich Salzwasser al dente kochen, abgießen und mit der Garnelen-Frühlingszwiebel-Pfanne mischen.

—— Wolfsbarschfilets mit Salz und Pfeffer würzen. Hautseite leicht mehlieren und die Filets auf der Haut in 1–2 EL Olivenöl kross braten. Zum Schluss ½ EL Butter zufügen und aufschäumen lassen, mit restlichem Thymian, Estragon und Knoblauch aromatisieren. Restliche Sauce nochmals aufmixen. Fischfilets und Tagliatelle auf Tellern anrichten und die Sauce um das Gericht verteilen.

»Den Wolfsbarsch solltet Ihr unbedingt beim Fischhändler Eures Vertrauens vorbestellen und keinen
gezüchteten Wolfsbarsch verwenden!«
MARIO KOTASKA

KALBSFILET IM WIRSING-MANTEL MIT PORTWEIN-JUS, PFIFFERLINGEN UND PASTINAKENPÜREE

ZUTATEN
für 4 Personen

FÜR DIE SAUCE

1 Knoblauchzehe

3 Schalotten

100 ml roter Portwein

300 ml Kalbsjus
(siehe Grundlagen S. 237)

1 Lorbeerblatt

4 Pfefferkörner

3 Wachholderbeeren

FÜR DIE BEILAGEN

200 g Pastinaken

Salz

Zucker

250 g Pfifferlinge

1 EL Mehl

1 EL + 1 TL Butter

Pfeffer aus der Mühle

Muskatnuss

1 EL Olivenöl

1 Schalotte

1 EL Schnittlauchröllchen

abgeriebene Schale
von ¼ Bio-Zitrone

——— Zunächst für die Sauce Knoblauchzehe andrücken. Schalotten mit Schale grob zerschneiden und in einem kleinen Topf goldbraun anrösten. Den Portwein angießen und bis zur Hälfte einkochen lassen. Jus angießen, Knoblauch und Gewürze dazugeben und das Ganze einkochen lassen, bis es sich zu einer Sauce verdickt. Durch ein feines Sieb passieren und abschmecken.

——— Inzwischen für die Beilagen Pastinaken schälen und grob würfeln. Stücke mit etwas Salz und Zucker marinieren. Am besten lässt man sie 1 Stunde stehen. Pfifferlinge mit dem Mehl durchmengen und mehrmals in kaltem Wasser waschen, bis es beim Testen nicht mehr zwischen den Zähnen knirscht. Pilze auf einem Küchentuch abtrocknen lassen.

——— Für das Kalbsfilet: Vom Wirsing 16 schöne große Blätter ablösen. In einem großen Topf Salzwasser zum Kochen bringen. Die Blätter 30 Sekunden blanchieren. Blätter trocken tupfen und die dicken »Adern« herausschneiden. Für die Füllung Toastbrot entrinden und grob würfeln. Petersilie waschen, trocken schütteln und fein schneiden. Milch, Eier, Petersilie und Brot vermengen. Käse klein schneiden und gründlich unterkneten. Die Füllung mit Salz und Pfeffer aus der Mühle würzen.

——— Die Filets mit Salz würzen, 10 Minuten stehen lassen. Dann in 8 gleich große Stücke schneiden, trocken tupfen und rundherum in heißem Butterschmalz oder Öl anbraten. Für jedes Stück Fleisch 2 Wirsingblätter überlappt auslegen. Die Blätter mit Füllung bestreichen, die Fleischstücke daraufsetzen und einwickeln.

——— Filet-Päckchen in eine Auflaufform aus Keramik oder Glas legen und bei 160 °C ca. 15 Minuten im Backofen garen. Falls vorhanden, einen Kerntemperaturfühler ins Fleisch stecken. Das Fleisch sollte am Ende des Garprozesses eine Kerntemperatur von 60 °C haben.

—— In der Zwischenzeit für das Püree in einem kleinen Topf einen Daumen hoch Wasser erhitzen, 1 EL Butter und die Pastinaken (ohne das entstandene Wasser) dazugeben und abgedeckt weich kochen. Dabei öfter die Konsistenz kontrollieren. Pfifferlinge in 1 EL Olivenöl knusprig braten, die Schalotte schälen und fein würfeln. Pfifferlinge mit Schnittlauch, Zitronenschale, Salz, Pfeffer und Schalotten abschmecken. Pastinaken mit dem Pürierstab pürieren, durch ein feines Sieb streichen und mit Salz, Pfeffer, frisch geriebener Muskatnuss und 1 TL kalter Butter abschmecken.

—— Kalbsfilet aus dem Backofen nehmen, einige Minuten ruhen lassen. Auf Tellern mit dem Pastinakenpüree, Pfifferlingen und Portweinsauce anrichten.

FÜR DAS KALBSFILET

1 Kopf Wirsing

130 g Toastbrot

½ Bund glatte Petersilie

100 ml Milch

2 Eier

130 g Gorgonzola oder Bavaria Blu

Salz

Pfeffer aus der Mühle

600 g Kalbsfilet

Öl oder Butterschmalz zum Anbraten

»Wer weder Dampfbackofen noch Temperaturfühler oder Fleischthermometer hat, der gart das Fleisch im auf 160 °C vorgeheizten Backofen 12 (rosa) bis 15 Minuten.« **MARTIN BAUDREXEL**

BAECKEOFFE
MIT TAUBE, MORCHELN UND SPARGEL

—— Dicke Bohnen aus den Hülsen palen, in kochendem Salzwasser ca. 1 Minute blanchieren, in Eiswasser abschrecken und die Bohnenkerne zwischen Daumen und Zeigefinger aus den wachsartigen Hüllen drücken. Das übrige Gemüse waschen und putzen bzw. schälen, Kartoffeln waschen und vierteln. Morcheln putzen, gründlich waschen und auf Küchenpapier trocken legen.

—— Die Taubenbrüste waschen, trocken tupfen, mit Salz und Pfeffer würzen und im heißen Olivenöl kurz anbraten. Aus dem Bräter nehmen, beiseitestellen und den Bratensatz mit dem Geflügelfond ablöschen, mit Quatre Epices würzen. Darin das geputzte Gemüse (bis auf die Bohnenkerne) kurz blanchieren und die Kartoffeln bissfest kochen.

—— In der Küchenmaschine aus Mehl, Butter, Zucker, Salz und Eigelb einen Mürbeteig zum Verschließen der Form herstellen.

—— Schalotten schälen und fein würfeln. Butter in einer Pfanne aufschäumen lassen, Morcheln und Schalotten darin anschwitzen, mit Zucker und frisch geriebener Muskatnuss würzen und mit Sherry ablöschen. Anschließend Gemüse, Kartoffeln und Morcheln in einen Römertopf geben, Taubenbrüste obendrauf legen und mit Jus angießen. Den Mürbeteig auf einer bemehlten Arbeitsfläche etwas größer als der Römertopf ausrollen, Topföffnung damit verschließen. Teigoberfläche mit dem verquirlten Ei einpinseln und das Gericht im Backofen bei 220 °C ca. 12 Minuten garen. Aus dem Topf servieren.

»Außerhalb der Spargelsaison schmeckt der Baeckeoffe auch mit jedem anderen Gemüse und anderen Pilzen lecker! Bevor Ihr ihn zum ersten Mal serviert, unbedingt eine Probe backen, damit die Taubenbrust auch wirklich rosa gelingt.«
MARIO KOTASKA

GEFÜLLTES SEEZUNGEN-RÖLLCHEN
MIT GAMBA AUF GURKEN UND MEERRETTICH

ZUTATEN
für 4 Personen

2 krumme Gurken
(oder Salatgurken)

Fleur de Sel

Zucker

4 große Mangoldblätter

4 große Seezungenfilet
à 70–100 g

Pfeffer aus der Mühle

1 EL geschlagene Sahne

2 EL feines Kalbsbrät oder
Wurstbrät vom Metzger

4 Gambas (Salzwasser-
garnelen, Größe 8/12,
Wildfang), geschält und
entdarmt

etwas Mehl

1 Ei

10 EL Semmelbrösel
(am besten Mie de pain)

2–3 EL Olivenöl zum Braten

2 Schalotten

1 TL Senf

4 EL Crème fraîche

2 EL geschnittener Dill

1–2 EL frischer Meerrettich

1–2 Spritzer Essig

—— Gurken waschen, wenn nötig schälen, der Länge nach halbieren und die Kerne mit einem Löffel entfernen. Gurken in 3 mm dicke Scheiben schneiden, dann mit Meersalz und Zucker marinieren. Den Mangold putzen, kurz in stark salzigem Wasser blanchieren, dann in Eiswasser abschrecken. Blätter auf einem Tuch ausbreiten und trocken tupfen.

—— Seezungenfilets auf der Hautseite mit einem Messer leicht einschneiden und vorsichtig plattieren. Mit Fleur de Sel und Pfeffer würzen. Danach die geschlagene Sahne unter das Kalbsbrät rühren, die Hautseite dünn damit einstreichen und die Mangoldblätter darüberlegen. Diese wieder dünn mit Brät bestreichen, eine Garnele daraufgeben und alles mit leichtem Druck einrollen. Die offenen Seiten mit dem restlichen Brät verschließen und nun die Röllchen wie ein Schnitzel zuerst in Mehl, dann in verschlagenem Ei und Semmelbrösel panieren.

—— Die Röllchen in einer ofenfesten Pfanne im heißen Öl kurz von allen Seiten goldgelb anbraten, dann im vorgeheizten Backofen bei 190 °C (Umluft) auf dem Rost 12–18 Minuten (je nach Größe) fertig garen.

—— Inzwischen die Schalotten schälen, in kleine Würfel schneiden und in etwas Öl anschwitzen. Die Gurken zugeben, mit anschwitzen, Senf und Crème fraîche zugeben, 2–3 Minuten bei mittlerer Hitze weitergaren und zum Schluss mit Dill, Meerrettich und Essig abschmecken. Röllchen noch 1–2 Minuten ruhen lassen, dann halbieren, mit Meersalz und Pfeffer würzen und schnell auf den Gurken servieren.

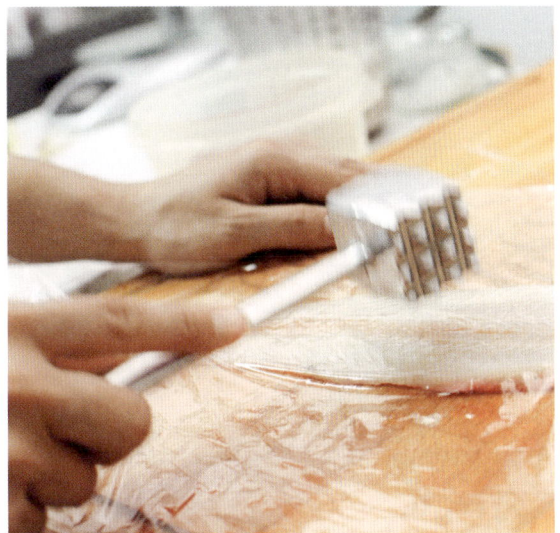

»Beim Kauf von Gurken immer darauf achten, dass sie schön fest sind. Unter die Semmelbrösel evtl. noch gehackte Kräuter mischen, so bekommt Ihr eine schöne Farbe und einen Kräutergeschmack in die Panade.« **RALF ZACHERL**

»Wir Deutschen essen zu viel Fleisch! Das ist leider ökologisch unverantwortlich. Zudem ist es viel gesünder, *nicht* täglich Fleisch zu essen. Selbst ich, der Fleischliebhaber, koche und esse inzwischen supergerne vegetarisch – das bedeutet keinesfalls Verzicht auf Genuss! Meine Empfehlung: An zwei Tagen in der Woche vegetarisch und zum Teil vegan essen – das macht Spaß, fühlt sich sehr gut an und ist oft günstiger! Und wenn Fleisch, dann nur Qualität!« **RALF ZACHERL**

VEGE-
TARISCH

ZIEGENFRISCHKÄSE-CRÈME-BRÛLÉE
MIT GRANATAPFEL UND FRISÉE

ZUTATEN
für 4–6 Portionen

FÜR DEN KROKANT

2 EL Zucker

40 g Pinienkerne

FÜR DEN SALAT

1 Granatapfel

1 EL Haselnussöl

feines Meersalz

Zucker

1 Spritzer Zitronensaft

½ Kopf Friséesalat

FÜR DIE ZIEGEN-FRISCHKÄSE-CRÈME-BRÛLÉE

180 ml Milch

180 ml Sahne

2 Zweige Thymian

½ TL feines Meersalz

schwarzer Pfeffer aus der Mühle

abgeriebene Schale von ½ Bio-Zitrone

1 EL Honig

125 g Ziegenfrischkäse (Rolle)

1 Ei

2 Eigelb

4 TL brauner Zucker

—— In einer kleinen Pfanne 2 EL Zucker schmelzen lassen. Pinienkerne dazugeben und gut durchmengen. Auf einem Stück Backpapier abkühlen lassen und dann grob hacken.

—— Granatapfel halbieren, die Kerne ausklopfen. Die leeren Hälften ausdrücken, den Saft auffangen und mit dem Haselnussöl zu einer Vinaigrette verrühren. Mit Salz, Zucker und Zitronensaft abschmecken. Vom Frisée die hellgelben, feinen Blätter abzupfen, waschen und mit der Salatschleuder trocken schleudern.

—— Für die Crème brûlée Milch und Sahne aufkochen. Thymian, Salz, Pfeffer, Zitronenabrieb und Honig dazugeben. 5 Minuten ziehen lassen. Durch ein Sieb passieren. Ziegenkäse zerbröckeln und mit einem Pürierstab unter die Sahnemasse mixen. Ei und Eigelbe verquirlen und in die Sahne-Käse-Masse mischen. Die Masse in kleine, flache Suppenteller füllen und bei 100 °C 35 Minuten auf der mittleren Schiene backen. Anschließend mindestens 3 Stunden abkühlen lassen.

—— Crème mit braunem Zucker bestreuen und mit einem Bunsenbrenner karamellisieren. Friséesalat mit der Vinaigrette marinieren, Granatapfelkerne untermischen und mittig auf die Creme setzen. Zum Schluss mit dem Pinienkernkrokant garnieren.

SELLERIERAVIOLI
MIT GETROCKNETEN TOMATEN

ZUTATEN
für 4 Personen

FÜR DIE GETROCKNETEN TOMATEN

1 kg Kirschtomaten	
1 Bio-Orange	
2 Bio-Zitrone	
½ Bund Thymian	
½ Bund Rosmarin	
1 Bund Basilikum	
1 Knolle Knoblauch	
5 Lorbeerblätter	
1 TL Fenchelsamen	
4 Sternanis	
Salz	
Pfeffer aus der Mühle	
100 ml Olivenöl	

FÜR DIE FÜLLUNG

1 große Sellerieknolle	
4 Schalotten	
1 mehligkochende Kartoffel	
20 g Butter	
250 ml Geflügelfond (siehe Grundlagen S. 238)	
100 g Crème fraîche	
2 Stangen Staudensellerie	
150 g geröstete Pinienkerne	

—— Kirschtomaten waschen und quer zur Blüte halbieren, das ergibt ein schöneres Schnittbild. Zitrusfrüchte waschen, trocken reiben und die Schale abreiben. Kräuter waschen, trocken schütteln und klein schneiden. Knoblauchknolle quer halbieren und zusammen mit den Gewürzen auf einem mit Backpapier belegten Blech verteilen. Tomaten mit der Schnittfläche nach oben eng aneinander auf das Blech setzen. Anschließend mit dem Abrieb der Zitrusfrüchte bestreuen, mit Salz und Pfeffer würzen und mit Olivenöl beträufeln. Im Backofen bei 80 °C ca. 2½ Stunden trocknen. Achtung: Die Tomaten sollen nicht braun werden!

—— Ravioliteig herstellen (siehe Grundlagen S. 248).

—— Für die Füllung Knollensellerie, Schalotten und Kartoffel schälen, klein würfeln und in Butter ohne Farbe anschwitzen. Mit Geflügelfond auffüllen und weich kochen. Anschließend auf ein Sieb gießen und ohne Flüssigkeit, nur mit Crème fraîche, zu einer Creme mixen. Staudensellerie waschen, abziehen und sehr fein würfeln. Mit einem Drittel der gerösteten Pinienkerne als Einlage zur Creme geben.

—— Jetzt den Ravioliteig auf etwas Mehl dünn ausrollen und die Füllung in kleinen Tupfen aufspritzen. Teig mit verquirltem Ei rundherum einstreichen und eine weitere Lage Nudelteig darüberlegen. Überschüssige Luft herausdrücken, Teigplatten fest andrücken und Ravioli ausstechen oder ausrädeln. In ausreichend gesalzenem Wasser ca. 5 Minuten kochen.

Die letzte Stange Staudensellerie putzen (das Grün beiseitelegen), waschen und in Rauten schneiden. Dann im Olivenöl anbraten und zusammen mit den gewünschten Kräutern, Kapern, etwas Butter und den getrockneten Tomaten gut durchschwenken. Alles zusammen über die Ravioli geben, mit den restlichen Pinienkernen bestreuen und mit gehobeltem Parmesan servieren. Die gelben Staudenselllerieblätter eignen sich super als Dekoration.

500 g Ravioliteig
(siehe Grundlagen S. 248)

etwas Nudelmehl
zum Ausrollen

2 Eier

1 Stange Staudensellerie

1 EL Olivenöl

10–15 frische Basilikum-
oder Salbeiblätter

evtl. 1 EL Kapern

1 EL Butter

Parmesan am Stück zum
Darüberreiben

»Das Rezept funktioniert mit jeder Art von Tomaten!
Je nach Größe ändert sich nur die Trocknungszeit.
Mit den Gewürzen kann man natürlich auch spielen,
so bringen zum Beispiel Zitronengras und Ingwer
ebenfalls eine tolle Note. Tomaten nach dem Trocknen in ein Schraubglas geben und mit Olivenöl
auffüllen, so sind sie im Kühlschrank 6–8 Wochen
haltbar. Noch etwas: Die Ravioli lassen sich prima
einfrieren!« **MARIO KOTASKA**

MÜNSTERKÄSE IM SCHLAFROCK

ZUTATEN
für 4 Personen

4 Erdbeeren

2 Aprikosen

2 Frühlingszwiebeln

6 Blätterteigplatten
à ca. 10 × 10 cm

4 Stücke Münsterkäse
à 50 g, ohne Rinde

4 Schwarze Nüsse

1 TL Curry

1 Ei

—— Früchte waschen, Erdbeeren halbieren, Aprikosen vierteln. Frühlingszwiebeln waschen und fein schneiden. Zunächst 4 Blätterteigplatten auslegen. Die anderen beiden Platten in insgesamt 8 dünne Streifen schneiden und je 4 mit verquirltem Ei an die Ränder der 4 Platten kleben, sodass ein »Körbchen« entsteht.

—— Jeweils in die Mitte ein Stück Münsterkäse legen, darum herum Erdbeer- und Aprikosenstücke verteilen. Auf den Käse Scheiben von den Schwarzen Nüssen legen und die Lauchzwiebeln darüberstreuen.

—— Alles mit Curry bestreuen, danach die Ränder mit dem verquirltem Ei bestreichen. Mit einer Gabel die Ränder zusammendrücken und gleichzeitig verzieren.

—— Im vorgeheizten Backofen bei 200 °C (Umluft) ca. 15 Minuten goldbraun backen.

»Mit einem Fruchtchutney und einem leckerem Blatt-
salat servieren. Bei Curry verwende ich am liebsten
Purple Curry vom alten Gewürzamt. Falls Ihr keine
Schwarzen Nüsse bekommen solltet, nehmt statt-
dessen Walnüsse oder lasst sie ganz weg. Aber wenn
Ihr die Möglichkeit habt, versucht es mal – Schwarze
Nüsse geben einen tollen Geschmack!«

RALF ZACHERL

KÄSSPÄTZLE
MIT SHIITAKEPILZEN

ZUTATEN
für 4 Personen

500 g Spätzleteig
(siehe Grundlagen S. 250)

500 g Shiitakepilze

6 Schalotten

3 Knoblauchzehen

Meersalz

schwarzer Pfeffer

1 EL Fischsauce

1 EL Sojasauce

100 g Bergkäse

50 g Romadur

150 g Crème fraîche

Butter für die Auflaufform

evtl. Schnittlauch zum
Dekorieren

——— Zunächst den Spätzleteig zubereiten
(siehe Grundlagen S. 250).

——— Bei den Pilzen den Strunk wegschneiden, Pilze vierteln (große Exemplare sechsteln oder achteln). Schalotten und Knoblauch schälen. Schalotten in Ringe schneiden, Knoblauch fein würfeln. Pilze in wenig Öl ganz langsam bei geringer bis mittlerer Hitze 15–20 Minuten rösten. In den letzten 10 Minuten die Schalottenringe dazugeben. In den letzten 5 Minuten den Knoblauch mitdünsten. Zum Schluss mit Meersalz und Pfeffer würzen, mit Fisch- und Sojasauce ablöschen.

——— Den Teig durch eine Presse drücken oder vom Brett in reichlich kochendes Salzwasser schaben. Wenn die Spätzle an der Wasseroberfläche schwimmen, mit einem Schöpflöffel herausheben und abtropfen lassen.

——— Bergkäse reiben und den Romadur in Würfel schneiden. Dann alles abwechselnd in eine gebutterte Auflaufform einschichten: Pilze, Spätzle, Käse und Crème fraîche, mit Bergkäse abschließen. Bei 180 °C im Backofen goldbraun überbacken.

»Man kann etwas von den gerösteten Pilzen aufheben und sie nach dem Überbacken noch auf
die Kässpätzle streuen.« **RALF ZACHERL**

»Geschmortes Fleisch verbinde ich mit Gemütlichkeit und Behaglichkeit, mit Großmüttern und Geborgenheit. Das Schöne am Schmoren ist, dass hier im Garprozess ganz von selbst eine aromatische Sauce entsteht, die man sonst mit viel Geduld und Zeit extra herstellen müsste. Übrigens halten sich geschmorte Gerichte ziemlich lang im Kühlschrank! Tipp: Wer beim Schmoren auf Alkohol verzichten muss oder will, ersetzt den Rotwein durch roten Traubensaft.« **MARTIN BAUDREXEL**

SCHMO-
REN

GESCHMORTER REHBRATEN IN DER ORANGENKRUSTE
MIT WURZELN UND HANDGESCHABTEN SPÄTZLE

—— Die Rehschulter mit dem Wurzelgemüse, Rotwein, Portwein und Gewürzen in einen großen Topf (Schüssel) geben, zudecken und gekühlt einige Tage marinieren, währenddessen das Fleisch ab und zu wenden.

—— Den Backofen auf 160 °C vorheizen. Das Fleisch aus der Marinade nehmen und gut abtropfen lassen. Mit Meersalz und Pfeffer rundum würzen. Marinade durch ein Sieb gießen, dabei die Flüssigkeit auffangen. Apfel waschen, trocken reiben und das Kerngehäuse entfernen. Apfel und Bauchspeck würfeln.

—— Rehschulter in einem großen Bräter im heißen Öl von allen Seiten anbraten, den Honig zugeben und etwas mitglasieren. Die Schulter aus dem Topf nehmen und das Wurzelgemüse mit den Gewürzen, Apfel- und Bauchspeckwürfeln im Bratfett gut anbraten. Danach das Tomatenmark für ein paar Minuten mitbraten (nicht anbrennen lassen, da es sonst bitter wird). Mit Madeira und Marinade ablöschen und auf die Hälfte einkochen lassen. Danach das Fleisch und den Wildfond zugeben und abgedeckt im Backofen ca. 1 Stunden schmoren.

—— Inzwischen Orange und Zitrone heiß abwaschen, trocken reiben und die Schale dünn abschneiden. Schale fein schneiden und in kochendem Wasser kurz blanchieren. Abtropfen lassen und beiseitestellen. Kerbelknollen und Rote Bete schälen und halbieren, dann getrennt mit Zucker und Meersalz marinieren.

—— Spätzle zubereiten und garen (siehe Grundlagen, S. 250).

ZUTATEN
für 4–6 Personen

1 Rehschulter oder -keule
ca. 1,2–2 kg

FÜR DIE MARINADE

400 g Wurzelgemüse (gewürfelte Zwiebeln, Karotten, Knollensellerie)	
¾ l Rotwein	
¼ l roter Portwein	
8 Wacholderbeeren	
2 Lorbeerblätter	
1 Zweig Thymian	
5 Gewürznelken	

ZUM SCHMOREN UND FÜR DIE KRUSTE

Meersalz	
Pfeffer aus der Mühle	
1 Apfel	
100 g Bauchspeck mit Schwarte	
2–3 EL Öl	
2 EL Honig	
1 EL Tomatenmark	
¼ l Madeira	
1 l Wildfond (ersatzweise Geflügelfond, siehe Grundlagen S. 238)	
½–1 Bio-Orange	
1 Bio-Zitrone	
1 EL Preiselbeeren	
3 EL Bitterorangenmarmelade	

FÜR DIE GEMÜSEBEILAGE

300 g Kerbelknollen
(alternativ Petersilienwurzeln,
Schwarzwurzeln, Pastinaken)

2 Bund kleine Rote Beten

Zucker

Meersalz

etwas Butter

FÜR DIE SPÄTZLE

500 g Spätzleteig
(siehe Grundlagen S. 250)

―――― Die geschmorte Schulter (Fleisch muss sich leicht vom Knochen lösen) aus dem Topf nehmen und auf ein Gitter legen. Preiselbeeren sowie Orangen- und Zitronenschale mit der Orangenmarmelade vermischen. Die Rehschulter damit bestreichen und in den heißen Ofen schieben. Mehrmals bestreichen, bis sich eine glänzende Kruste gebildet hat. Die Sauce nochmals auf die Hälfte einkochen lassen, danach durch ein Sieb passieren und abschmecken.

―――― Kerbelknollen und Rote Bete mit etwas Butter und Schmorfond in einem Topf bissfest garen. Spätzle in einer großen Pfanne in etwas Butter nachbraten. Alles anrichten.

» Wer kein Wild mag: Das Ganze klappt auch super mit Gänsekeulen, dabei nur die Garzeiten verkürzen!!!« **RALF ZACHERL**

MOSTBRATEN VON DER LAMMKEULE

ZUTATEN
für 4–6 Personen

1 Lammkeule ca. 1½–1,8 kg

FÜR DIE MARINADE

1 kg Suppengemüse

½ Bund Petersilie

1,5 l Most

80 g Salz

5 Wachholderbeeren

8 Pfefferkörner

2 Lorbeerblätter

FÜR DIE PASTE

3 Knoblauchzehen

½ Bio-Zitrone

6 Stängel Thymian

3 EL Olivenöl

1 EL scharfer Senf

ZUM SCHMOREN

3 EL Olivenöl

4 Tomaten

1 kleines Stück Ingwer

300 ml Weißwein

300 ml Lammfond
(ersatzweise Rinderfond,
siehe Grundlagen S. 236)

10 Koriandersamen

Salz

Pfeffer aus der Mühle

—— Die Lammkeule in einen großen Behälter mit Deckel legen. Suppengemüse putzen, waschen und in kleine Würfel schneiden. Petersilie waschen und grob hacken. Alle Zutaten für die Marinade mischen und über die Lammkeule gießen. Behälter zudecken und kalt stellen. Lammkeule 2 Tage darin durchziehen lassen.

—— Für die Paste Knoblauch schälen. Zitrone heiß waschen, trocken reiben und die Schale abreiben. Thymian waschen, trocken schütteln und die Blättchen abzupfen. Alle Zutaten mit dem Pürierstab zu einer Paste verarbeiten

—— Nach 2 Tagen geht's los: Lammkeule aus der Marinade nehmen, trocken tupfen und mit der Paste einreiben. In einem großen Bräter rundherum in 3 EL heißem Olivenöl anbraten. Tomaten waschen und Strunk entfernen. Tomaten grob würfeln. Ingwer schälen und grob hacken.

—— Lammkeule aus dem Bräter nehmen, Bratensatz mit dem Weißwein ablösen. Den Lammfond angießen. Das Gemüse vom Marinieren, Tomaten, Koriandersamen, Ingwer und die Lammkeule in den Bräter geben und bei 180 °C im vorgeheizten Backofen abgedeckt 1 Stunde schmoren. Zwischendurch ab und zu mit dem Bratensaft übergießen.

—— Lammkeule herausnehmen, in Alufolie wickeln und 10 Minuten im ausgeschalteten Backofen ruhen lassen. Den Bratensaft durch ein Sieb passieren und aufkochen. Saft mit Salz und Pfeffer abschmecken.

»Dazu passen die Gnocchi von Seite 246 sowie gebratenes Gemüse.« **MARTIN BAUDREXEL**

OCHSENSCHWANZRAGOUT
MIT LAUCHSTROH UND KARTOFFEL-ESPUMA

ZUTATEN
für 4 Personen

FÜR DAS RAGOUT

1,2 kg Ochsenschwanz in Stücken
2–3 EL Olivenöl
Salz
etwas Mehl
2 getrocknete Tomaten
1 kleines Stück Ingwer
2 Knoblauchzehen
Zucker
500 g Gemüsewürfel (Lauch, Sellerieknolle, Stangensellerie, Pastinaken, Zwiebeln, Karotten)
5 Pfefferkörner
5 Wachholderbeeren
5 Pimentkörner
1 Lorbeerblatt
1 Zweig Liebstöckel
½ Flasche Rotwein
1 l Rinderfond (siehe Grundlagen S. 234)
3 Zweige frischer Majoran
30 g Butter

FÜR DAS LAUCHSTROH

350–400 ml Sonnenblumenöl zum Frittieren
½ Lauchstange (nur das Weiße)

——Vom Ochsenschwanz das Fett grob abschneiden, die Häute nicht entfernen. 2 EL Olivenöl in einem Schmortopf erhitzen. Ochsenschwanzteile salzen und mit Mehl bestäuben. Im Schmortopf von allen Seiten anbraten und die Teile wieder herausnehmen. Fett abgießen.

——Getrocknete Tomaten in Stücke schneiden. Ingwer und Knoblauch schälen. Ingwer fein schneiden, Knoblauch andrücken Die Hälfte der Gemüsewürfel in einer Schüssel mit etwas Salz und Zucker marinieren und beiseitestellen. Die restlichen Gemüsewürfel zusammen mit den getrockneten Tomaten, Ingwer, Knoblauch, Gewürzen und Liebstöckel in etwas Öl goldbraun anbraten. Die Ochsenschwanzstücke wieder dazulegen und mit Rotwein aufgießen. Den Rinderfond zufügen. Deckel auf den Topf legen, aber nicht ganz schließen. Alles ca. 3 Stunden bei 180 °C im Backofen schmoren lassen, dabei das Fleisch immer wieder mit Sauce begießen. Der Ochsenschwanz ist fertig, wenn sich das Fleisch sichtbar vom Knochen löst.

——Inzwischen für den Kartoffel-Espuma die Kartoffeln schälen, klein schneiden und in Salzwasser weich kochen. Anschließend durch eine Kartoffelpresse drücken. Milch, Sahne und Butter aufkochen und mit den pürierten Kartoffeln vermengen. Mit Salz, Pfeffer, geriebener Muskatnuss und Zitronensaft abschmecken. Masse in einen Sahnesiphon füllen und 1 bis 2 Kapseln zugeben.

——Ochsenschwanzstücke aus dem Topf nehmen. Schmorfond durch ein Sieb passieren und aufkochen. Dabei mit einer Kelle das Fett abschöpfen. Fond zur Hälfte einkochen. Das Fleisch von den Ochsenschwanzstücken lösen und fein würfeln. Den reduzierten Schmorfond mit Salz und Pfeffer abschmecken und das gewürfelte Fleisch wieder hineinlegen. Warm stellen.

—— Das Sonnenblumenöl erhitzen. Lauch waschen, gut trocken tupfen und in dünne Ringe oder Streifen schneiden. Im heißen Fett kross backen und auf Küchenpapier abtropfen lassen

—— Majoran waschen, trocken schütteln und die Blättchen abzupfen. Die beiseitegestellten Gemüsewürfel in einem Sieb abtropfen lassen, dabei die entstandene Flüssigkeit auffangen. Das Gemüse in der Butter andünsten und mit dem aufgefangenen Gemüsebrühe ablöschen. Mit Salz, Pfeffer und Majoran abschmecken.

—— Das Ochsenschwanzragout auf tiefe Teller verteilen. Das glasierte Gemüse darüberstreuen, den Espuma daraufspritzen, mit Parmesan bestreuen und bei Oberhitze leicht im Ofen gratinieren. Mit dem Lauchstroh garnieren.

FÜR DEN KARTOFFEL-ESPUMA

250 g mehligkochende Kartoffeln
50 ml Milch
2 EL Sahne
1 EL Butter
Salz
Pfeffer aus der Mühle
Muskatnuss
einige Spritzer Zitronensaft
3 EL fein geriebener Parmesan

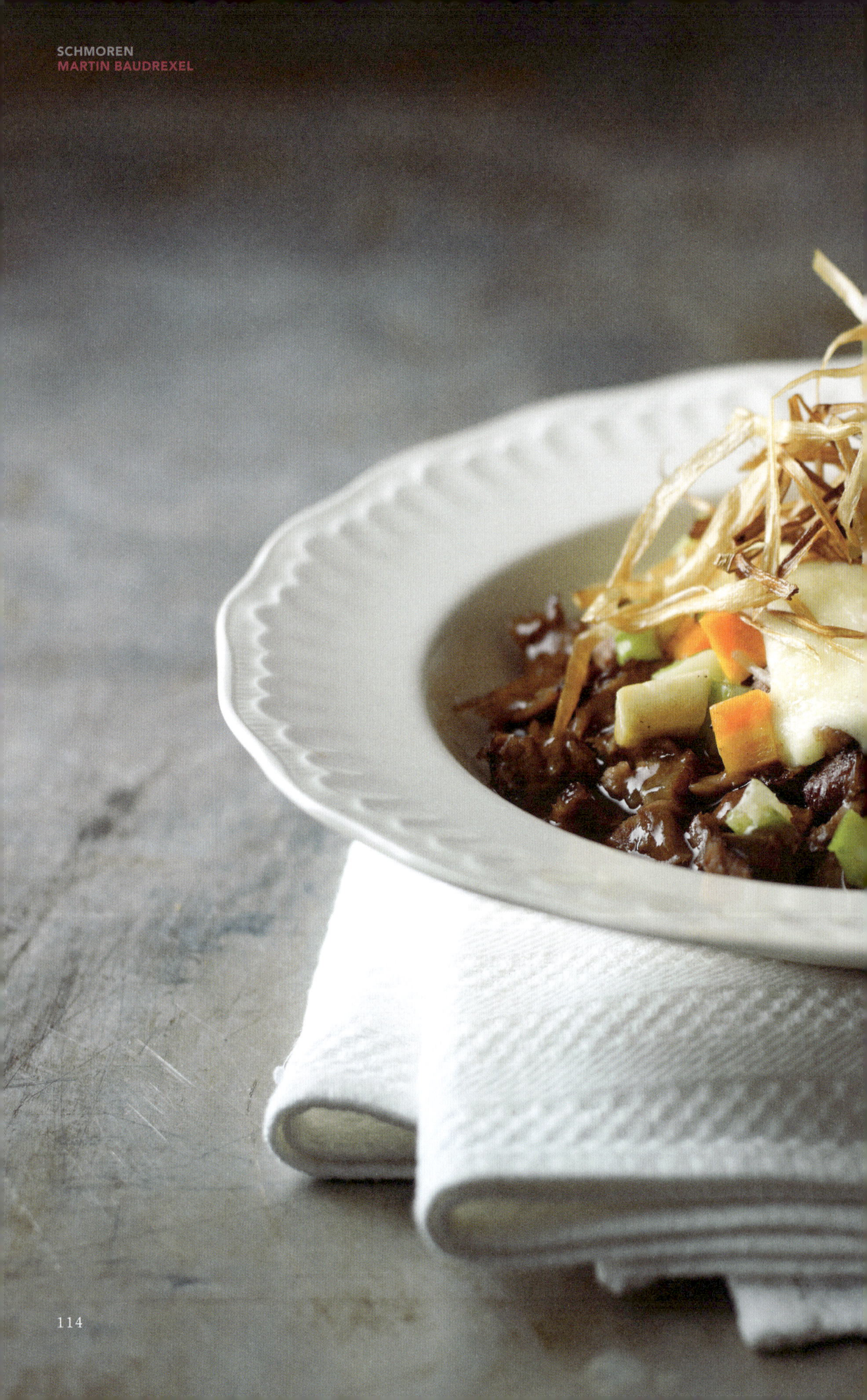

»Dieses Gericht kann man auch in Gläser geschichtet servieren.« **MARTIN BAUDREXEL**

KALBSBÄCKCHEN
MIT KÜRBISGNOCCHI
UND STEINPILZEN

—— Die Kalbsbäckchen am besten 3 Tage vorher einlegen, so werden sie schön mürbe und nehmen am meisten Aroma an. Hierfür Karotten, Sellerie, Zwiebeln und Knoblauch schälen und würfeln. Alles in 2 EL Olivenöl kräftig anbraten und mit dem Rotwein ablöschen. Kräuter und Gewürze hinzufügen, alles einmal aufkochen und die Bäckchen in die lauwarme Marinade legen.

—— Am Tag des Schmorens Kalbsbäckchen aus der Marinade nehmen, trocken tupfen, mit Salz und Pfeffer und leicht mit Mehl bestäuben. Anschließend von allen Seiten in 2 EL Olivenöl anbraten und aus dem Bräter nehmen. Jetzt das abpassierte Wurzelgemüse erneut kurz anbraten, Tomatenmark mitrösten, mit dem Rotwein mehrfach ablöschen und zum Schluss die Kalbsbäckchen wieder zugeben. Im Backofen bei 160 °C Ober-/Unterhitze ohne Deckel unter mehrfachem Wenden ca. 2 Stunden weich schmoren. Die Bäckchen sind fertig, wenn man mit einer Fleischgabel hineinsticht und sie direkt wieder abfallen.

—— Inzwischen die Kartoffelgnocchi nach Anleitung (siehe Grundlagen S. 244) herstellen. Kochwasser der Gnocchi beiseitestellen.

—— Den Kürbis waschen, trocken reiben, in Spalten schneiden und entkernen. Zwiebeln, Knoblauch und Ingwer schälen. Zwiebeln in Streifen und Knoblauch in feine Würfel schneiden, Ingwer reiben. Paprika und Frühlingszwiebeln waschen, putzen und fein würfeln bzw. schneiden. Limetten heiß waschen, trocken reiben und die Schale fein abreiben.

—— Die Steinpilze mit einer Pilzbürste säubern, Stielenden dünn abschneiden. Pilze halbieren oder vierteln, wurmige Stellen entfernen. Schalotten schälen und fein würfeln. Petersilie waschen, trocken schütteln und fein schneiden.

ZUTATEN
für 4 Personen

FÜR DIE BÄCKCHEN

1,2 kg Kalbsbäckchen, geputzt (im Metzgerfachgeschäft vorbestellen!)

2 Karotten

½ Sellerieknolle

4 Zwiebeln

1 Knoblauchknolle

4 EL Olivenöl zum Braten

3 l trockener Rotwein

3 Stiele glatte Petersilie

2 Zweige Thymian

1 Lorbeerblatt

5 Wacholderbeeren

1 Gewürznelke

Salz

Pfeffer aus der Mühle

etwas Mehl

etwas Tomatenmark

etwas Kartoffelstärke zum Binden

FÜR DIE KÜRBISGNOCCHI

4 Portionen Kartoffelgnocchi (siehe Grundlagen S. 244)

1 kleiner Hokkaido-Kürbis

2 rote Zwiebeln

1 Knoblauchzehe

50 g Ingwer

1 rote Paprika

1 Bund Frühlingszwiebeln

2 Bio-Limetten

3 EL Olivenöl zum Braten

etwas Butter

8 Salbeiblätter

100 g Parmesan

FÜR DIE STEINPILZE

500 g Steinpilze

2 Schalotten

½ Bund glatte Petersilie

1 EL Olivenöl

etwas Butter

Salz

—— Kürbisspalten in 3 EL Olivenöl von beiden Seiten goldgelb anbraten und aus der Pfanne nehmen. Etwas Butter zum Bratfett geben und nun in derselben Pfanne Zwiebelstreifen, Knoblauch, Paprika und Frühlingszwiebeln anschwitzen. Mit Ingwer und Limettenabrieb verfeinern und mit einem Teil des Gnocchiwassers glasieren. Die gekochten Gnocchi und die Salbeiblätter zugeben, alles durchschwenken und mit geriebenem Parmesan verfeinern.

—— Pilze in 1 EL Olivenöl kross braten, Schalotten ganz kurz mitbraten, Petersilie untermischen und alles mit Salz würzen.

—— Wenn das Fleisch gar ist, die Bäckchen ausstechen und den Schmorfond durch ein feines Sieb passieren. So erhält die Sauce einen Teil ihrer Bindung. Bis zum gewünschten Geschmack einköcheln und leicht mit Kartoffelstärke nachbinden. Gnocchi mit den Kürbispalten anrichten, Steinpilze darübergeben. Die Bäckchen mit ausreichend Schmorsauce in die Mitte setzen.

»So halten sich geschmorte Kalbsbäckchen mehrere Wochen: heiß mit Sauce in ein Weckglas füllen, verschließen, abkühlen lassen und im Kühlschrank lagern. Sehr gut ist es, sie zusammen mit Sauce zu vakuumieren. So kann man sie unkompliziert im Wasserbad wieder erwärmen. Je häufiger man den Saucenansatz ablöscht, umso glänzender wird die Sauce. Natürlich geht's bei den Kürbisgnocchi auch ohne Steinpilze oder mit jedem anderen Pilz. Alternativ passen zu diesem Gericht auch die Kürbisgnocchi aus den Grundlagen S. 245.«

MARIO KOTASKA

»Pilze sind für mich wie das Salz in der Suppe! Unglaublich vielseitig, wahnsinnig geschmacksintensiv und einfach lecker. Alle haben ihre spezielle Saison, also: Nicht im Frühling Steinpilze aus Südafrika kaufen. Diese Pilze kommen mit dem Flugzeug um die halbe Welt – umweltbelastend und unnötig! Macht doch lieber einen Ausflug in den Wald und schaut mal, was da so alles wächst. Aber Achtung: Es gibt auch sehr giftige, sogar lebensgefährliche Exemplare, deshalb nur mit Fachliteratur oder einer qualifizierten Person losziehen!« **MARIO KOTASKA**

PILZE

MORCHELN
MIT WEISSEN BOHNEN, TOMATEN UND BÜFFELMOZZARELLA

ZUTATEN
für 4 Personen

FÜR DAS DRESSING

½ Bund Basilikum

½ Knoblauchzehe

1 EL Limettensaft

1 TL Balsamico

4 EL Olivenöl

1 EL geröstete Pinienkerne

Salz

Pfeffer aus der Mühle

Zucker

12–16 Kirschtomaten

½ rote Zwiebel

2 EL grob gehackte
glatte Petersilie

1 EL grob zerrissener
Basilikum

250 g frische Morcheln

Mehl zum Waschen
der Morcheln

3–4 EL Olivenöl

300 g gekochte weiße Bohnen
(falls nur aus der Dose zur
Hand, gut abspülen!)

Meersalz

schwarzer Pfeffer

200 g Büffelmozzarella

—— Für das Dressing Basilikum waschen, Blätter abzupfen. Knoblauch schälen und fein hacken. Alle Zutaten mit dem Pürierstab pürieren, mit Salz, Pfeffer und einer kleinen Prise Zucker abschmecken.

—— Kirschtomaten waschen, Strunk entfernen und Tomaten vierteln. Zwiebel schälen und in Streifen schneiden. Beides mit den Kräutern mischen und ziehen lassen.

—— Stielenden der Morcheln abschneiden. Morcheln in kaltem Wasser mit Mehl waschen, bis sie sauber sind, gut abschütten und trocken tupfen. In einer großen Pfanne im heißen Olivenöl unter ständigem Rühren knusprig braten. Danach die weißen Bohnen zugeben und mit Salz und Pfeffer würzen.

—— Die Hälfte der Bohnen und Morcheln mit der Tomaten-Mischung und zwei Drittel vom Dressing vermengen, abschmecken und auf Tellern anrichten. Die andere Hälfte der Bohnen und Morcheln darübergeben. Büffelmozzarella in Stücke schneiden und auf die Teller verteilen. Restliches Dressing über den Käse träufeln.

»Für die gemütliche Runde kann man das Gericht auch auf einer großen Platte anrichten, von der sich alle bedienen. Zum Original-Mozzarella gibt es keine Alternative. Kuhmilch-Varianten, die sich so nennen, schmecken oft nach Pappe und nicht nach Käse. Also immer den echten Büffelmozzarella kaufen.«
MARTIN BAUDREXEL

SALAT VON HERBST-TROMPETEN
MIT BIRNEN UND SPECK

ZUTATEN
für 4 Personen

400 g Herbsttrompetenpilze bester Qualität

1 Kopf feiner Friséesalat

1 Radicchio

100 g Feldsalat

2 EL Preiselbeeren

50 g Crème fraîche

2 reife Birnen

100 g durchwachsener geräucherter Speck

1 Schalotte

1 Bio-Orange

6 cl trockener Weißwein

50 g kalte Butter

4 EL Walnussöl

2 EL Sherryessig

Salz

Pfeffer aus der Mühle

Zucker

2 EL gehackte glatte Petersilie

4 Scheiben »Finn Crisp« Roggen
(dünnes Roggenknäckebrot)

—— Herbsttrompetenpilze gründlich waschen und zum Abtropfen auf ein Geschirrtuch geben. Salate putzen, waschen, schleudern und klein zupfen.

—— Preiselbeeren und Crème fraîche zu einer Art Brotaufstrich verrühren.

—— Birnen waschen, vierteln, Kerngehäuse entfernen. Viertel in Scheiben schneiden. Speck in Scheiben schneiden. Schalotte schälen und in Streifen schneiden. Orange waschen, trocken reiben und die Schale fein abreiben.

—— Speck in einer Pfanne kross anbraten, Birnenschnitze und Schalotten dazugeben, kurz mitbraten und zum Schluss die Pilze zugeben. Mit Weißwein ablöschen und zusammen mit der Butter kurz einköcheln lassen. Zuletzt mit Walnussöl und Sherryessig, Salz, Pfeffer und Zucker abschmecken, so entsteht eine Art Vinaigrette zum Marinieren des Salates.

—— Pilze und Salate mittig auf einer Platte anrichten, den Salat mit der in der Pfanne entstandenen Vinaigrette beträufeln. Mit frisch geriebener Orangenschale und Petersilie verfeinern. Die Finn Crisps mit der Preiselbeercreme bestreichen und anlegen.

»Anstatt der Herbsttrompetenpilze passt natürlich auch jeder andere Speisepilz. Wer Finn Crisps nicht mag, kann auch gerne Sonnenblumenkerne und geröstete Croûtons über den Salat streuen. Auch so ist es eine vollwertige Mahlzeit mit Kohlehydraten, Vitaminen und Ballaststoffen.« **MARIO KOTASKA**

GEBACKENE STEINPILZE
MIT EIERVINAIGRETTE

ZUTATEN
für 4 Personen

400 g Steinpilze

Salz

Pfeffer aus der Mühle

2 Bio-Zitronen

Mehl

5 Eier

Semmelbrösel
(am besten selbst gemacht)

1 EL Senf

6 cl Sherryessig

150 ml Traubenkernöl

Zucker

100 g Lardo
(italienischer Speck)

1 Bund Frühlingszwiebeln

schwarzer Pfeffer aus
der Mühle

ca. 1 l Sonnenblumenöl

—— Steinpilze säubern und putzen, in daumengroße Stücke schneiden, mit Salz und Pfeffer würzen. Zitronen heiß waschen, trocken reiben, Schale abreiben und Saft auspressen.

—— Pilze nach 10 Minuten mit Zitronensaft beträufeln und klassisch panieren: Zuerst in Mehl wenden, dann durch 1 verquirltes Ei ziehen und zum Schluss in den Semmelbröseln wälzen, dabei die Brösel leicht andrücken. (Die Pilze können auf diese Weise schon zeitig vorbereitet werden.)

—— Für die Eiervinaigrette 3 Eier 8 Minuten kochen, abschrecken, pellen und klein hacken. Inzwischen eine Mayonnaise herstellen: Zuerst 1 Ei mit Senf und Essig glatt rühren. Danach das Traubenkernöl unter Rühren mit einem Schneebesen langsam in einem dünnen Strahl einlaufen lassen. Mayonnaise mit Salz, Pfeffer und Zucker abschmecken.

—— Lardo fein würfeln, in einer Pfanne kross braten und abkühlen lassen. Frühlingszwiebeln putzen, waschen und fein schneiden. Zusammen mit dem Lardo und den klein gehackten Eiern unter die Mayonnaise heben. Mit frisch gemahlenem schwarzen Pfeffer abschmecken.

—— Pilze unmittelbar vor dem Servieren bei 170 °C in heißem Sonnenblumenöl schwimmend ausbacken. Auf Küchenpapier abtropfen lassen und nochmals mit Zitronensaft beträufeln.

»Für die Sommerküche könnt Ihr der Eiervinaigrette mit einem kleinen Schuss Buttermilch und etwas Zitronenabrieb einen zusätzlichen Frischekick verleihen. Die Steinpilze passen super zu Kalbsfleisch und Fisch. Wenn's mal günstiger sein soll: Kräuterseitlinge sind eine gute Alternative. Wer mal was Besonderes probieren will: Einfach ins Paniermehl eine gute Handvoll geriebenen Parmesan mischen. Die Eiervinaigrette kann prima mit diversen Gewürzen verfeinert werden, zum Beispiel mit geröstetem Koriander, Chili, Muskat.« **MARIO KOTASKA**

KARTOFFELGNOCCHI
MIT KRÄUTERSEITLINGEN

ZUTATEN
für 4 Personen (Hauptgang)

FÜR DIE GNOCCHI

1,2 kg mehligkochende
Kartoffeln

30 g Butter

2 Eier

ca. 150 g Mehl

ca. 150 g Kartoffelstärke

60 g frisch geriebener
Parmesan

Meersalz

Muskatnuss

Mehl für die Arbeitsfläche

FÜR DIE KRÄUTERSEITLINGE

600 g Kräuterseitlinge

200 ml Gemüsebrühe

12 Kirschtomaten

Meersalz

schwarzer Pfeffer aus
der Mühle

1 Prise Zucker

2 Schalotten

1 Knoblauchzehe

2–3 EL Olivenöl zum Braten

3 Zweige Thymian

200 ml trockener Riesling

2 EL Butter

1 EL Olivenöl extra vergine

1 EL gehackte glatte Petersilie

2 EL frisch geriebener
Parmesan

——— Kartoffeln in stark gesalzenem Wasser ca. 20 Minuten garen. Inzwischen die Kräuterseitlinge putzen, in mundgerechte Stücke schneiden und die abgeschnittenen Stücke im Gemüsebrühe bei mittlerer Hitze ziehen lassen.

——— Wenn die Kartoffeln weich sind, abschütten und im Backofen bei 160 °C (Umluft) noch mindestens 10 Minuten ausdämpfen lassen. Sobald man sie anfassen kann, die Kartoffeln schälen, durch eine Kartoffelpresse drücken und auskühlen lassen.

——— Für die Gnocchi 30 g Butter in einer Pfanne schmelzen lassen, durch ein Tuch passieren und zur Nussbutter bräunen, das heißt erhitzen, bis sie eine goldgelbe, nussähnliche Farbe angenommen hat. Durchgepresste Kartoffeln, Eier, Nussbutter, 100 g Mehl, 100 g Kartoffelstärke und Parmesan in einer Schüssel vermengen. Mit Meersalz und frisch geriebener Muskatnuss würzen. Falls der Teig zu weich ist, noch etwas Stärke und Mehl zugeben, bis er nicht mehr an den Händen klebt.

——— Salzwasser aufkochen. Gnocchiteig auf einer bemehlten Arbeitsfläche zu 2 cm dicken Rollen formen und in nussgroße Stücke teilen. Gnocchi im Salzwasser 4–6 Minuten bei mittlerer Hitze köcheln lassen. Dann mit einem Schöpflöffel herausheben und abtropfen lassen.

——— Gemüsebrühe abseihen. Kirschtomaten waschen, halbieren und mit Meersalz, Pfeffer und Zucker marinieren. Schalotten und Knoblauch schälen und in feine Scheiben schneiden. Die Kräuterseitlinge im heißen Olivenöl scharf anbraten, Schalotten und Thymian zugeben, mit Meersalz, Pfeffer und Zucker würzen. Knoblauch und Kirschtomaten zugeben und mit Riesling ablöschen. Wenn die Flüssigkeit eingekocht ist, die Hitze reduzieren und mit Gemüsebrühe auffüllen. Die leicht kochende Flüssigkeit mit Butter und Olivenöl binden. Gnocchi und Petersilie zugeben, nochmals würzen und schnell mit frisch geriebenem Parmesan servieren.

»Wenn man die Gnocchi erst später essen möchte, ist es sinnvoll, sie nach dem Garen in kaltem Wasser abzuschrecken. Statt Kräuterseitlinge könnt Ihr für dieses Gericht auch Steinpilze, Pfifferlinge oder andere Pilze verwenden.« **RALF ZACHERL**

»Mein Lieblingsgemüse, die Zwiebel, der Geschmacksgigant mit unendlich Power, ist wahnsinnig vielseitig, unglaublich günstig, zwölf Monate erhältlich und enthält jede Menge Vitamine, Mineralstoffe und sekundäre Pflanzenstoffe. Als natürliches Antibiotikum wirkt sie entzündungshemmend und keimtötend und soll gegen Grippe, Herzerkrankungen und sogar Krebs vorbeugen. Ein Sirup aus Zwiebelsaft und Honig lindert Husten und Halsschmerzen. Und so viele verachten die Zwiebel?? Ts ts ts …« **RALF ZACHERL**

ZWIEBEL

ZWIEBELSCHNECKE
MIT APFELCHIPS UND ROTE BETE

ZUTATEN
für 4–6 Personen (Vorspeise)

FÜR DEN TEIG

250 g Mehl

75 ml Milch

20 g frische Hefe

1 TL Honig

½ TL Salz

1 EL Olivenöl

FÜR DIE APFELCHIPS

½ TL Anissamen

4 EL Zitronensaft

1 TL Puderzucker

Öl für den Rost

2 Äpfel

FÜR DIE FÜLLUNG

6 mittelgroße braune Zwiebeln

½ EL Olivenöl

2 TL Ketchup

1 EL Cognac oder Brandy

feines Meersalz

Pfeffer aus der Mühle

½ TL Kreuzkümmel

Muskatnuss

3 EL fein geschnittene glatte
Petersilie

3 EL Schmand

½ TL Berbere-Gewürz-
mischung von Ingo Holland
(Berbere findet man oft auch
beim Türken)

—— Für den Teig das Mehl in eine Schüssel sieben und eine Mulde hineindrücken. 75 ml Wasser und Milch gemeinsam in einem Topf lauwarm erwärmen. Hefe zerbröckeln und mit Honig in etwas von der lauwarmen Milch-Wasser-Mischung auflösen. In die Mehlmulde gießen, mit Mehl bedecken und 10 Minuten an einem warmen Ort gehen lassen. Salz, Öl und restliche Flüssigkeit zugeben, kräftig schlagen, dann zu einem festen Teig kneten. Den Teig 10 Minuten kneten. Mit einem sauberen Geschirrtuch abdecken und 45 Minuten an einem warmen Ort gehen lassen.

—— Für die Apfelchips den Backofen auf 80 °C (Umluft) einstellen. Anissamen fein mörsern, mit Zitronensaft und Puderzucker verrühren. Einen Rost mit Öl einpinseln. Äpfel waschen, trocken reiben und ungeschält mit einem Gemüsehobel in sehr dünne Scheiben schneiden. Scheiben durch den Saft ziehen und auf dem Rost im Backofen 1 Stunde trocknen lassen.

—— Für die Füllung Zwiebeln schälen und in Streifen schneiden. Olivenöl in einem flachen Topf erhitzen. Zwiebelstreifen unter ständigem Rühren darin goldbraun anschwitzen. Den Ketchup dazugeben, mit dem Cognac ablöschen. Mit Salz, Pfeffer, Kreuzkümmel und frisch geriebener Muskatnuss würzen. Zwiebeln abkühlen lassen. Petersilie, Schmand und die Gewürzmischung untermischen.

—— Den Teig halbieren und auf einer bemehlten Arbeitsfläche zwei Rechtecke ausrollen. Diese mit der Zwiebelfüllung belegen, dabei am Ende ein paar Zentimeter frei lassen. Teigplatten einrollen. Aus jeder Rolle 6–8 Schnecken schneiden und diese im Backofen bei 200 °C 25–30 Minuten backen.

—— Die Rote Bete würfeln. Restliche Zutaten für die Vinaigrette verrühren und die Rote Bete damit marinieren. Je nach Geschmack mit Meerrettich abschmecken.

—— Zum Anrichten in die Mitte der Teller jeweils ein oder 2 Zwiebelschnecken geben. Die Rote Bete außenherum verteilen. Die Apfelchips auf die Schnecken setzen.

FÜR DIE ROTE BETE

2 gekochte Rote Beten

Saft von 1 Zitrone

feines Meersalz

Zucker

schwarzer Pfeffer aus der Mühle

3 EL Olivenöl

evtl. frisch geriebener Meerrettich

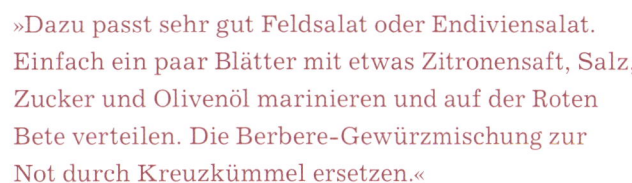

»Dazu passt sehr gut Feldsalat oder Endiviensalat. Einfach ein paar Blätter mit etwas Zitronensaft, Salz, Zucker und Olivenöl marinieren und auf der Roten Bete verteilen. Die Berbere-Gewürzmischung zur Not durch Kreuzkümmel ersetzen.«

MARTIN BAUDREXEL

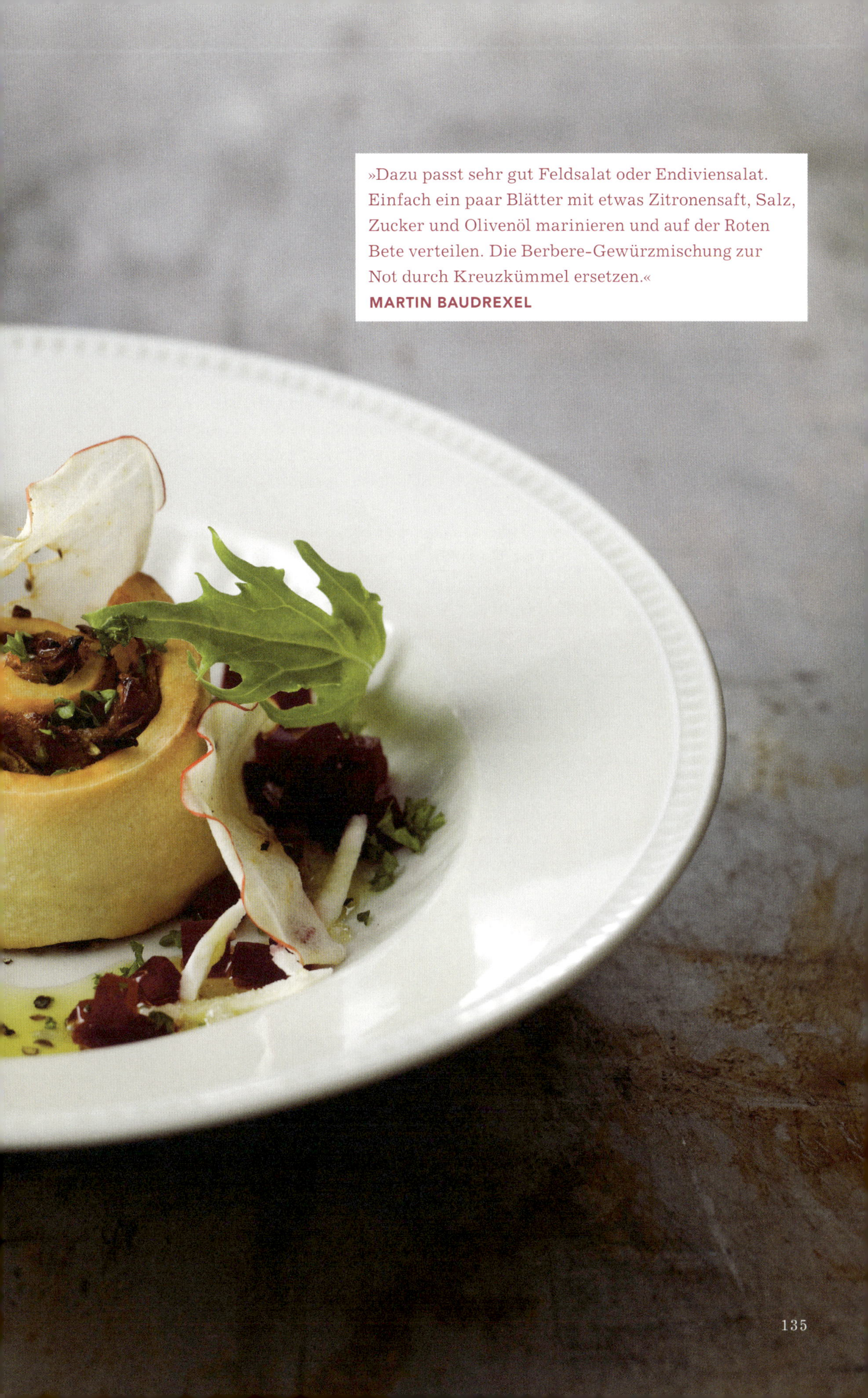

ROTBARBE AUF BALSAMICO-ZWIEBEL-CREME
MIT CALAMARETTI

ZUTATEN
für 4 Personen

FÜR DIE ZWIEBELCREME

300 g Schalotten

2 EL Olivenöl

2 Knoblauchzehen

50 ml Weißwein

8 cl weißer Balsamico

100 ml Geflügelfond
(siehe Grundlagen S. 238)

100 g Crème fraîche

FÜR DIE KIRSCHTOMATEN

4 Kirschtomaten mit Grün

1 EL Olivenöl

6 cl Noilly Prat

2 Sternanis

1 Lorbeerblatt

2 Knoblauchzehen

2 Zweige Rosmarin

FÜR DEN FISCH

½ Bund glatte Petersilie

4 Rotbarbenfilets à 80 g

Salz

Pfeffer aus der Mühle

gerösteter Koriander aus
der Mühle

etwas Mehl

2 EL Olivenöl

200 g Mini-Calamaretti

abgeriebene Schale von
1 Bio-Zitrone

—— Zuerst die Zwiebelcreme herstellen: Schalotten schälen, fein schneiden und in 2 EL Olivenöl hellbraun anschwitzen. Knoblauch schälen. 2 Knoblauchzehen zugeben und mit Weißwein, jeweils etwas Balsamico und dem Geflügelfond im Schnellkochtopf weich kochen. Anschließend abseihen, mit Crème fraîche zu einer Creme pürieren und mit Balsamico abschmecken.

—— Kirschtomaten waschen, unten leicht einritzen (Grün nicht entfernen) und in einer kleinen feuerfesten Auflaufform mit 1 EL Olivenöl, Noilly Prat, Sternanis, Lorbeerblatt, 2 angedrückten Knoblauchzehen und Rosmarin im Backofen bei 120 °C ca. 10 Minuten schmoren.

—— Petersilie waschen, trocken schütteln und fein schneiden. Rotbarbenfilets waschen, trocken tupfen, mit Salz, Pfeffer und Koriander würzen, leicht mehlieren und auf der Hautseite in 2 EL Olivenöl kross braten. Fisch aus der Pfanne nehmen. Calamaretti sehr heiß im Bratöl braten, zum Schluss mit Zitronenschale und Petersilie verfeinern. Calamaretti jeweils um die Zwiebelcreme anrichten. Kirschtomaten dekorativ dazwischensetzen und das Rotbarbenfilet auf die Zwiebelcreme setzen.

»Das Rezept gelingt auch prima mit einer Dorade oder einem Wolfsbarsch.« **MARIO KOTASKA**

BACKZWIEBELN
MIT PILGERMUSCHEL
UND BOUDIN NOIR

ZUTATEN
für 4 Personen (Vorspeise)

4 mittelgroße rote Zwiebeln

4 Lorbeerblätter

4 Zweige Thymian

Meersalz

4 EL Olivenöl

4 Scheiben Boudin noir,
ca. 5 mm dick (alternativ Rot-,
Zungen- oder eine andere
Blutwurst)

4 Jakobsmuscheln

Pfeffer

2 EL alter Balsamico

20 g Butter

1 kleiner Kopfsalat

8 EL Dressing nach
Geschmack
(siehe Grundlagen S. 232–233)

—— Zwiebeln schälen und von oben kreuzweise einschneiden, danach jeweils ein Lorbeerblatt und einen
Thymianzweig in die Schlitze stecken. Jede Zwiebel auf
ein Stück Alufolie legen, mit Meersalz bestreuen und
etwa 1 EL Olivenöl darübergeben. Danach die Zwiebel
in die Alufolie einpacken. Im vorgeheizten Backofen bei
240 °C ca. 40 Minuten garen.

—— Die Boudin noir schön kross braten, entfetten und
kurz warm stellen. Jakobsmuscheln mit Meersalz und
Pfeffer würzen, in die Pfanne geben und von beiden Seiten goldbraun braten, ebenfalls warm stellen. Den Bratensatz mit dem Balsamico ablöschen und mit der Butter
abbinden. Kopfsalat putzen, waschen, trocken schleudern, marinieren und servieren.

—— Die Jakobsmuscheln (der Fond, der sich bei den
warmgestellten Jakobsmuscheln noch bildet, muss
auch in die Sauce) und die Boudin noir auf Teller verteilen und etwas mit der Balsamicosauce angießen.
Die weich gegarte Zwiebel aus der Folie nehmen und
dazu servieren.

»Muschelverweigerer können anstatt der Jakobsmuscheln auch ein paar Riesengarnelen braten,
die schmecken auch fantastisch zu Blutwurst und
Backzwiebel.« **RALF ZACHERL**

OMA ZACHERLS ZWIEBELKUCHEN

ZUTATEN
für 6 Personen

FÜR DEN TEIG

1 Bio-Orange

350 g Mehl

120 g Topfen (Magerquark)

6 EL Milch

6 EL Pflanzenöl

⅓ TL Meersalz

1 Msp. Backpulver

FÜR DEN BELAG

800 g Zwiebel

1 Bund Frühlingszwiebeln

2 Zweige Thymian

100 g geräucherter Bauchspeck

Meersalz

Pfeffer aus der Mühle

Zucker

Kümmel

300 g Schmand

3 Eier

—— Für den Teig die Orange heiß waschen, trocken reiben und die Schale abreiben. Die Hälfte davon mit den restlichen Zutaten zu einem glatten Teig kneten (Meersalz und Backpulver nicht vergessen!).

—— Zwiebeln schälen, Frühlingszwiebeln putzen und waschen, alles in Streifen schneiden. Thymianblättchen abzupfen. Speck würfeln und in einer Pfanne anbraten, Zwiebelstreifen und Frühlingszwiebeln zugeben und kräftig mit Meersalz, Pfeffer, Zucker und Kümmel abschmecken. 3–4 Minuten weiterdünsten, Thymian zufügen und dann vom Herd nehmen.

—— Backofen auf 180 °C (Umluft) vorheizen, Schmand mit den Eiern verrühren und mit restlichem Orangenabrieb, Pfeffer und Meersalz abschmecken. Jetzt den Teig auf Backpapier ausrollen (ca. 35 × 40 cm), auf ein Backblech setzen, einen Rand hochziehen und den Teig mehrfach mit einer Gabel einstechen. Zwiebelmasse mit der Schmandmasse mischen und auf dem Teig verteilen. Zwiebelkuchen im Backofen 25–30 Minuten backen.

»Wenn es schneller gehen soll, ist fertiger Blätterteig ideal. Diesen sollte man dann aber blind vorbacken, das heißt, einstechen und mit getrockneten Erbsen belegt backen, damit er nicht aufgeht.«
RALF ZACHERL

»Bei Garnelen gilt ›teuer ist besser‹. Da sich Garnelen unglaublich schnell vermehren, ist ihre Zucht recht einfach, was Produzenten, vor allem in Asien, dazu nutzen, unter Verwendung von Antibiotika in kurzer Zeit ungeheure Mengen zu züchten und billige Massenware anzubieten. Zu bevorzugen ist Ware aus Wildfang, da die Tiere langsamer und in kälteren Gewässern wachsen, das heißt, ihr Fleisch ist fester und aromatischer und nicht voll von Antibiotika. Übrigens beschreibt die beim Italiener so beliebte Bezeichnung ›Scampi‹ in Wirklichkeit Kaisergranat und nicht Garnele.«

MARTIN BAUDREXEL

GAR-
NELEN

GARNELEN-FLAMMKUCHEN

ZUTATEN
für 3 Flammkuchen

600 g Flammkuchenteig
(siehe Grundlagen S. 249)

FÜR DEN BELAG
½ Stange Lauch

1 Zwiebel

1 Knoblauchzehe

12 Garnelen (Größe 8/12),
geschält und entdarmt

160 g Schmand

Salz

Pfeffer aus der Mühle

1 Bund Schnittlauch

evtl. Tabasco oder Chiliflocken

—— Am Vortag den Flammkuchenteig herstellen
(siehe Grundlagen S. 249).

—— Lauch der Länge nach halbieren und gut waschen.
Dann in feine Halbringe schneiden. Zwiebel schälen
und in Streifen schneiden. Knoblauch schälen und fein
hacken. Garnelen längs halbieren.

—— Den Teig für drei Flammkuchen auf einer großzügig
bemehlten Arbeitsfläche rund (ca. 30 cm Durchmesser)
und möglichst dünn ausrollen. Jeweils mit Schmand
bestreichen. Zwiebeln, Knoblauch und Lauch darauf
verteilen. Auf jedem Flammkuchen 8 Garnelenhälften
verteilen. Mit 1 Prise Salz und Pfeffer würzen.

—— Bei 280 °C auf einem bemehlten Backblech
ca. 10 Minuten auf der untersten Schiebeleiste backen.
Auf einem Pizzabackstein beträgt die Backzeit
3–4 Minuten.

—— Schnittlauch waschen und in feine Röllchen schneiden. Flammkuchen aus dem Backofen nehmen, mit
Schnittlauch bestreuen und sofort servieren. Wer mag,
gibt noch etwas Tabasco oder Chiliflocken darauf.

»Den Flammkuchen kann man auch mit anderen Zutaten wie Speck, Käse, Räucherlachs oder frischem Lachs, aber auch mit Kräutern und Gemüse belegen.«
MARTIN BAUDREXEL

GARNELEN-MAULTASCHEN
MIT LINSENGEMÜSE

ZUTATEN
für 6 Personen

FÜR DEN NUDELTEIG

600 g Mehl
(am besten Semolina, griffiges
Nudelmehl aus Italien)

6 Eier

1½ TL feines Meersalz

1 EL Olivenöl

FÜR DAS LINSENGEMÜSE

100 g gemischte Gemüsewürfel
(Sellerie, Karotte, Lauch,
rote Zwiebel oder Schalotten)

2 EL Olivenöl

1 TL Zucker

½ EL Butter

200 g gekochte Berglinsen

750 ml Geflügelfond
(siehe Grundlagen S. 238)

Salz

Pfeffer aus der Mühle

1 EL Weißweinessig

——Mehl in eine große Schüssel sieben und in die Mitte eine Mulde drücken. Eier, Salz und Olivenöl in die Vertiefung geben. Alles zu einem glatten Teig verarbeiten. Den Teig 10 Minuten mit den Händen kneten. Man kann auch eine Teigmaschine benutzen, doch mit den Händen ist das Ergebnis aufgrund der Handwärme besser. Den Teig in Klarsichtfolie wickeln und mindestens 1 Stunde im Kühlschrank ruhen lassen. Gemüsewürfel für das Linsengemüse mit etwas Salz und Zucker marinieren.

——Olivenöl in einem Topf erhitzen. 1 TL Zucker mit der Butter zufügen und karamellisieren lassen. Das Gemüse darin anschwitzen. Linsen dazugeben und Fond angießen. Kurz aufkochen, mit Salz, Pfeffer und Weißweinessig abschmecken.

——Für die Füllung die Garnelen fein hacken. Karotte schälen und fein raspeln. Chili waschen, entkernen und fein würfeln. Knoblauch schälen und fein hacken. Petersilie waschen, trocken schütteln und fein schneiden. In einer kleinen Pfanne das Öl erhitzen, Knoblauch, Chili und Petersilie darin ganz kurz anschwitzen. Zu den gehackten Garnelen geben. Karotten dazugeben und mit Fischsauce, Salz, Pfeffer und frisch geriebener Muskatnuss abschmecken.

—— Den Teig Stufe für Stufe mit der Nudelmaschine auf einer bemehlten Arbeitsfläche zu Bahnen ausrollen. Die Füllung mithilfe eines Spritzbeutels auf das untere Drittel der Bahn ausspritzen. Dabei möglichst gleichmäßig arbeiten. Jetzt die Teigbahn mit verquirltem Ei einpinseln und einrollen. Mit einem Holzlöffel die Maultaschen ca. alle 4 cm »abdrücken«.

—— Die Maultaschen in großzügig gesalzenem Wasser 4 Minuten kochen. In einer großen Pfanne 1 EL Butter aufschäumen lassen und die Maultaschen darin schwenken. Maultaschen auf die Linsen setzen, falls zur Hand mit frischem Schnittlauch bestreuen. Die Maultaschen lassen sich sehr gut einfrieren.

FÜR DIE FÜLLUNG

12–18 Garnelen (Größe 8/12), geschält und entdarmt
1 Karotte
½ kleine Chilischote
2 Knoblauchzehen
½ Bund glatte Petersilie
1 TL Olivenöl
1 TL Fischsauce
½ TL feines Meersalz
Pfeffer
Muskatnuss

1 EL Butter
evtl. Schnittlauchröllchen

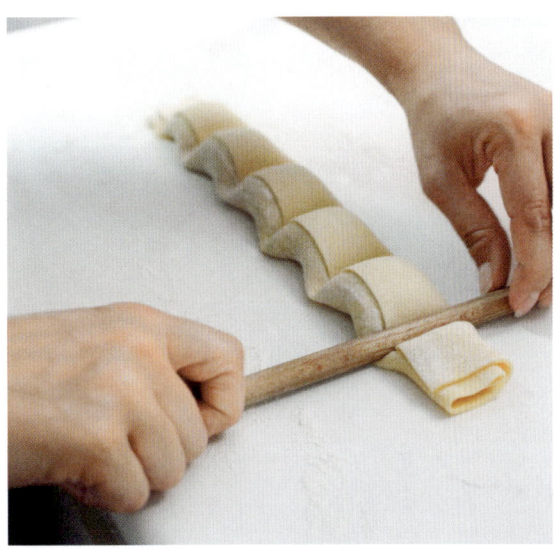

»Wenn Ihr die Linsen vorkocht, das Salz immer erst zum Schluss zugeben, sonst verlängert sich die Garzeit. Das gilt für alle Hülsenfrüchte. Erst gegart salzen! Auch der obligatorische Essig kommt immer erst zum Schluss.« **MARTIN BAUDREXEL**

DREIERLEI VON DER GARNELE

ZUTATEN
für 4 Personen

FÜR DAS GARNELEN-CARPACCIO

2 Bio-Limetten

8 Garnelen (Größe 8/12)

1 Schuss hochwertiges Olivenöl

Fleur de Sel

FÜR DAS GARNELEN-SÜPPCHEN

6 Schalotten

1 Karotte

1 Fenchelknolle

4 Knoblauchzehen

1 Bund Thymian

4 Garnelen (Größe 8/12)

1–2 EL einfaches Olivenöl

1 kleine Dose Schältomaten

2 Sternanis

3 Lorbeerblatt

1 Gewürznelke

1 EL Korianderkörner

100 ml trockener Weißwein

50 ml Noilly Prat

4 cl Cognac

150 g Butter

1 l Fischfond

200 ml Sahne

1 Bund Basilikum

—— Das Carpaccio am besten schon einen Tag vorher herstellen. Limetten heiß waschen, trocken reiben und die Schale abreiben. Saft auspressen und beiseitestellen. Garnelen schälen, auf der Oberseite einritzen und den dunklen Darm entfernen. Garnelen mit wenig Olivenöl und dem Abrieb der Limetten marinieren. Dann eng an eng und Kopfseite an Schwanz auf Klarsichtfolie legen und diese mit Spannung eindrehen. Anschließend auf einfach gefaltete Alufolie legen und nochmals stramm einrollen. Es soll ein pralles »Bonbon« entstehen. Im Gefrierfach durchfrieren. Zum Verzehr dünn aufschneiden und mit Fleur de Sel, Limonensaft und bestem Olivenöl marinieren.

—— Für die Suppe Schalotten und Gemüse schälen bzw. putzen und waschen, alles klein schneiden. Knoblauch schälen und andrücken. Thymian waschen. Garnelen schälen und entdarmen. Die Garnelenschalen (von allen drei Gerichten) im heißen Olivenöl scharf anbraten, Gemüse, Schältomaten, Knoblauch, Thymian und Gewürze zufügen, mit Weißwein, Noilly Prat und Cognac ablöschen und einkochen lassen. Diese Reduktion abseihen, anschließend Butter und Fischfond zugeben, mit Sahne auffüllen und noch einmal aufkochen. Suppe mit dem Pürierstab aufmixen und abschmecken. Basilikum waschen, trocken schütteln und in Streifen schneiden. Je 1 Garnele in 4 Suppentassen geben, Suppe einfüllen und mit Basilikum garnieren.

Garnelen bis auf das Schwanzsegment schälen und entdarmen. Vanillestangen der Länge nach halbieren. Auf jede Hälfte 2 Garnelen spießen, in Olivenöl mit Butter glasig braten und mit Salz und Pfeffer aus der Mühle würzen. Mit etwas vom entstandenen Bratensatz beträufeln.

GEBRATENE GARNELEN

8 Garnelen (Größe 8/12)

2 Vanillestangen

1 EL Olivenöl

1 EL Butter

Salz

Pfeffer aus der Mühle

»Bei diesem Garnelensüppchen kann man prima sehen, dass in der Küche so gut wie nichts in den Mülleimer muss. Wichtig hierfür: Garnelen bester Qualität kaufen! Am besten 8/12er (das ist die Größe) und Seawater-Qualität. Die in kaltem Meerwasser aufgewachsenen Garnelen haben einen intensiveren Geschmack und sind »knackiger« als die Sweetwater-Garnelen. Auch ganze Tiere, also mit Kopf und Schale, einkaufen, denn in der Schale steckt der Geschmack für die Suppe.« **MARIO KOTASKA**

KRABBENSALAT

ZUTATEN
für 4 Personen

FÜR DEN SALAT

1 reife Mango (aus Thailand)

60 g Spinatsalat

1 Radicchio

1 rote Zwiebel

120 g Hirtenkäse (Schafskäse)

320 g frisches Nordsee-
krabbenfleisch oder
Eismeergarnelen in Lake

1 EL gerösteter weißer Sesam

**FÜR DIE ORANGEN-
VINAIGRETTE**

2 Bio-Orangen

1 Chilischote

1 EL grober Dijon-Senf

1 EL Honig

1 Prise Meersalz

1 Prise Zucker

2 EL Sojasauce

1 EL Fischsauce

1 TL fein geriebener Ingwer

2 EL Crème fraîche

—— Die Mango schälen und entsteinen, Fruchtfleisch in kleine Würfel schneiden und beiseitestellen. Die Abschnitte und das Fleisch direkt am Kern für die Vinaigrette verwenden.

—— Für die Vinaigrette 1 Orange heiß waschen, trocken reiben und die Schale abreiben. Beide Orangen auspressen. Chilischote waschen und entkernen. Alle Zutaten inklusive der Mangoreste, aber ohne die Crème fraîche, in einen Mixer geben und mixen, bis eine leicht cremige Masse entsteht. Dann die Crème fraîche daruntermixen und die Vinaigrette kräftig (!) abschmecken.

—— Spinat und Radicchio putzen, waschen und trocken schleudern. Spinat auf einer Platte verteilen, darüber die klein gezupften Radicchioblätter.

—— Zwiebel schälen, vierteln und in hauchdünne Scheiben schneiden. Mangowürfel und Zwiebelscheiben über den Salat verteilen. Hirtenkäse mit einem Löffel häufchenweise auf die Platte setzen. Alles kräftig mit der Vinaigrette marinieren, das frische Krabbenfleisch darüber verteilen (Garnelen in Lake vorher abspülen und abtropfen lassen) und mit dem gerösteten weißen Sesam bestreuen.

»Die Orangenvinaigrette eignet sich auch super zum Marinieren von Algensalat, als Dip zur Entenbrust, als Marinade für gebratene Geflügelleber. Erkenne die Möglichkeiten! Ist keine Mango zu bekommen, geht zur Not auch Pfirsich und wenn alle Stricke reißen, dann tut es auch Aprikosenkonfitüre.«
RALF ZACHERL

»Lachs galt lange Zeit auch als das Schwein des Meeres, weil er unter widerlichen Umständen gemästet und produziert wurde. In Chile passiert das leider immer noch, deshalb keinen chilenischen Lachs kaufen! Gott sei Dank hat sich aber gerade in Norwegen einiges geändert, und die Tiere werden artgerecht aufgezogen und auch human geschlachtet. Lachs ist wahnsinnig vielseitig. Von Sushi über gebeizt, geräuchert, gegrillt, gebraten, roh mariniert … Er macht echt alles mit und schmeckt natürlich besonders mit unseren Rezepten saulecker!«

MARIO KOTASKA

LACHS

SASHIMI VOM IKARIMILACHS
MIT SOJAGLACE UND GARNELEN-WAN-TAN

—— Limonenblätter waschen, Zitronengras waschen und in Stücke schneiden. Geflügelfond, Sojasauce, Sesamöl, Limonenblätter, Zitronengras und Sternanis in einen Topf geben und durch Einkochen bei mittlerer Hitze eine Glace herstellen. Um die richtige Konsistenz zu prüfen, einen Löffel mit der Rundung nach oben hineintauchen. Läuft keine Flüssigkeit mehr von der Wölbung, ist die Glace richtig. Durch ein Sieb abpassieren und darauf achten, dass sie nicht zu salzig wird. Gegebenenfalls mit Wasser verdünnen.

—— Crème fraîche mit Wasabi abschmecken, Mayonnaise mit den Yuzu-Produkten, beides mit Salz, Pfeffer und Zucker würzen und in kleine Spritzbeutel füllen.

—— Koriandergrün waschen, trocken schütteln und fein schneiden. Garnelen abspülen, fein hacken, mit geröstetem Koriander aus der Mühle und frischem Koriander würzen, mit Salz, Pfeffer und Zucker abschmecken. In kleinen Klecksen auf die Wan-Tan-Teigplatten geben, Teigränder mit verquirltem Ei bepinseln. Teig diagonal zusammenklappen, Ränder festdrücken und die Teigtaschen in 170 °C heißem Öl goldgelb frittieren.

ZUTATEN

für 4 Personen

250 g Ikarimilachsfilet, sauber zurechtgeschnitten

FÜR DIE GLACE

10 Limonenblätter

2 Stangen Zitronengras

300 ml Geflügelfond (siehe Grundlagen S. 238)

200 ml Sojasauce

50 ml Sesamöl, geröstet

5 Sternanis

FÜR DIE GARNITUR

100 g Crème fraîche

1 EL Wasabi

40 g Mayonnaise (siehe Grundlagen S. 243)

20 g Yuzu-Zitronenpulver, ungesalzen

30 g Yuzu-Zitronenpulver (gibt's beides bei Bosfood)

Salz

Pfeffer aus der Mühle

Zucker

1 Schale Affilia-Kresse

2 Schalen Rock-Chives-Kresse (gibt's beide bei Koppert Cress)

1 Schale essbare gemischte Blüten

FÜR DIE WAN TANS

½ Bund Koriander

6 Garnelen (Größe 8/12), geschält und entdarmt

geröstete Korianderkörner aus der Mühle

Salz

Pfeffer aus der Mühle

Zucker

4 Blätter Wan-Tan-Teig

1 Ei

1–2 l Öl zum FrittierenFür die Wan Tans

½ Bund Koriander

6 Garnelen (Größe 8/12), geschält und entdarmt

geröstete Korianderkörner aus der Mühle

Salz

Pfeffer aus der Mühle

Zucker

4 Blätter Wan-Tan-Teig

1 Ei

1–2 l Öl zum Frittieren

—— Den Lachs in dünne Tranchen schneiden. Jetzt mit einem Pinsel einen kräftigen Strich der Glace auf einem länglichen Teller auftragen, aufgeschnittenen Lachs darauflegen und auch von oben mit der Glace bepinseln. Anschließend die Wasabi-Crème-fraîche und die Yuzu-Mayonnaise in kleinen Tupfen »wild« um den Lachs anrichten und die Kresse hineinstecken. Es soll eine gleichmäßig ungleichmäßige Struktur entstehen. Blüten dazwischen verteilen. Die Wan Tans leicht anschneiden und neben dem Lachs anrichten.

»Geht auch prima mit allen anderen Fischen. Unbedingt auf die Frische achten, da der Fisch mehr oder weniger roh verzehrt wird. Erst unmittelbar vor dem Servieren den Fisch mit Glace bestreichen, da er sonst zu salzig wird. Solltet Ihr die angegebenen Kressesorten nicht bekommen, tut es auch jede andere Kresse, oder man bestellt sie beim Gemüsehändler.« **MARIO KOTASKA**

ROTE BETE
MIT LACHS UND MEERRETTICHSCHMAND

ZUTATEN
für 4 Personen

1 Lachsfilet à 700 g

FÜR DIE BEIZE

2 TL Koriandersamen

10 schwarze Pfefferkörner

6 Wachholderbeeren

1 Rote Bete

1 Bund Estragon

70 g grobes Meersalz

80 g brauner Zucker

2 EL Honig

2 EL Gin

1 EL Öl

Saft und abgeriebene Schale
von ½ Bio-Orange

FÜR DEN SCHMAND

200 g Schmand

1–2 EL frisch geriebener
Meerrettich

Salz

Pfeffer

Zitronensaft

FÜR DEN SALAT

1 Kopfsalat

3 Rote Beten

Salz

Zucker

1 Schalotte

1 EL Rotweinessig

1 TL Senf

3 EL Haselnussöl

1 TL Ahornsirup

1 EL fein geschnittener
Estragon

—— Für die Beize Koriandersamen in einer Pfanne ohne Fett bei mittlerer Hitze unter ständigem Rühren 3 Minuten anrösten. Dann Pfefferkörner und Wacholderbeeren dazugeben und alles 2 Minuten weiterrösten. Die Gewürze in einem Mörser grob zerstoßen. Rote Bete schälen und fein reiben. Estragon waschen und grob schneiden. Alle weiteren Zutaten mit der Roten Bete, Estragon und den Gewürzen vermengen. Das Lachsfilet damit bedecken. Den Fisch 24 Stunden beizen lassen.

—— Nach 24 Stunden das Lachsfilet in klarem Wasser spülen. Sollte der Fisch zu salzig sein, muss man ihn ein paar Minuten in kaltem Wasser wässern. Danach trocken tupfen und mit einem dünnen, langen Messer aufschneiden.

—— Schmand mit Meerrettich verrühren und mit Salz, Pfeffer und Zitronensaft abschmecken.

—— Für den Salat Kopfsalat zerpflücken, waschen und trocken schleudern. Die Rote Bete mit einer guten Prise Salz und Zucker in Wasser kochen. Mit einem kleinen Messer kontrollieren, ob sie weich sind. Am besten lässt sich Bete im Wasser mit der Hand schälen, danach in Stücke schneiden. Schalotte schälen und fein würfeln. In einer Schüssel 1 Prise Salz und Zucker mit dem Essig verrühren. Den Senf dazugeben und alles glatt rühren. Dann das Öl einlaufen lassen und die Vinaigrette glatt verrühren. Die Blätter vom Kopfsalat durch die Vinaigrette ziehen und auf die Mitte der Teller verteilen.

—— Die Rote Bete mit der Vinaigrette, gewürfelter Schalotte, Ahornsirup und Estragon vermengen und um den Salat verteilen. Die Lachsscheiben auf die Rote Bete legen. Auf jeden Teller eine Nocke Meerrettichschmand setzen.

»Das beste Resultat erhält man, wenn man das Fisch-filet nach dem Beizen weitere 12 Stunden ohne Ab-deckung im Kühlschrank ›trocknen‹ lässt. Dann er-hält es eine ›ledrige‹ Struktur. Sollte man diese zusätzlichen 12 Stunden nicht zur Verfügung haben, kann man den Lachs auch sofort in dünne Scheiben schneiden. Dabei sollte man ein scharfes, langes Messer benutzen. Wenn man dieses Messer ab und zu nass macht, tut man sich leichter. Beim Schneiden darauf achten, gegen die Faser des Fleisches zu schneiden. Dafür fängt man am dicken Ende des Filets an. Auf diese Weise ist in jeder Scheibe das eingelagerte Fett enthalten.« **MARTIN BAUDREXEL**

LACHSFILET UNTER
DER ESTRAGONKRUSTE
MIT GEBRATENEM SPARGEL

ZUTATEN
für 4 Personen

2 Scheiben Toastbrot

Sonnenblumenöl

2 EL + 80 g Butter

2 Bund Estragon

1 Bio-Zitrone

100 g Panko
(asiatisches Paniermehl)

1 Eigelb

Salz

Pfeffer aus der Mühle

500 g weißer deutscher Spargel

Zucker

1 Bund Kerbel

Muskatnuss

2 cl Himbeeressig

4 Lachsfilettranchen à 140 g

ca. 2 EL Olivenöl

—— Für die Kruste aus den Toastbrotscheiben kleine Croûtons schneiden und in reichlich Sonnenblumenöl mit 1 EL Butter rösten. Auf ein Sieb schütten und gut entfetten. Estragon waschen, trocken schütteln und fein schneiden. Zitrone heiß waschen, trocken reiben und die Schale abreiben. 80 g Butter mit dem Handrührgerät schaumig schlagen (so hat sie später beim Gratinieren eine längere Standzeit und verläuft nicht so schnell). Estragon, Zitronenabrieb, Croûtons, Panko und Eigelb unter die Butter mischen, mit Salz und Pfeffer würzen. Masse vierteln, mit Alu- und Klarsichtfolie zu 4 kleinen Bonbons eindrehen und im Kühlschrank aufbewahren.

—— Den Spargel waschen, schälen und in gleichmäßige Stücke schneiden, mit Salz und Zucker marinieren. Kerbel fein hacken. Spargel nach ca. 30 Minuten auf ein Sieb schütten und den entstandenen Saft auffangen. Spargelstücke in einer beschichteten Pfanne mit Farbe anbraten, nach und nach mit dem aufgefangenen Saft ablöschen und mit 1 EL Butter glasieren. Mit Salz, Pfeffer, frisch geriebener Muskatnuss und Himbeeressig abschmecken und mit gehacktem Kerbel verfeinern.

—— Die »Krustenbonbons« in dünne Scheiben schneiden und auf die mit Salz und Pfeffer gewürzten Lachstranchen legen. Diese bei geringer Hitze im heißen Olivenöl auf der Unterseite anbraten. Danach im Backofen bei hoher Oberhitze oder Grillfunktion goldgelb überbacken. Sofort mit gebratenem Spargel anrichten.

»Den Lachs nicht zu lange im Backofen garen. Er sollte in der Mitte noch schön glasig sein. Je nach Saison schmeckt dazu auch anderes Pfannen- oder Rahmgemüse. Als Beilage eignen sich kleine Kartoffeln (Drillinge).« **MARIO KOTASKA**

AGNOLOTTI VOM LACHS
MIT EINER KRÄUTER-BEURRE-BLANC

ZUTATEN
für 4 Personen

200 g Lachs (Mittelstück)

Fleur de Sel

50 g Lachskaviar

FÜR DIE AGNOLOTTI

500 g Ravioliteig
(siehe Grundlagen S. 248)

etwas Nudelmehl zum
Ausrollen

2 Eier

300 ml Beurre blanc
(siehe Grundlagen S. 239)

FÜR DIE FÜLLUNG

100 g Lachsabschnitte

1 Salatgurke

Meersalz

Zucker

2 Schalotten

100 g Frischkäse

1 EL gehackter Dill

Pfeffer

—— Ravioliteig herstellen (siehe Grundlagen S. 248).

—— Beurre blanc zubereiten (siehe Grundlagen S. 239).

—— Für die Agnolottifüllung die Lachsabschnitte in kleine Würfel schneiden. Salatgurke schälen, halbieren und mithilfe eines Kaffeelöffels entkernen. Danach in kleine Würfel schneiden, mit Meersalz und Zucker marinieren und ca. 20 Minuten stehen lassen. Das entstehende Wasser weggießen.

—— Die Schalotten klein schneiden, mit Lachs, Gurken, Frischkäse und Dill zu einer Masse verrühren, mit Meersalz und Pfeffer abschmecken.

—— Den Ravioliteig mit einer Nudelmaschine auf einer bemehlten Arbeitsfläche zu Bahnen ausrollen. Bahnen mit einem Teigrädchen längs halbieren. Jeweils auf eine Hälfte im Abstand von ca. 8 cm je 1 EL Füllung verteilen. Die Zwischenräume mit verquirltem Ei bestreichen und die zweite Bahnhälfte über die Füllung legen. Die Luft von der Füllung zum Rand ausstreichen, die Zwischenräume und Ränder mit einem Kochlöffelstiel fest andrücken. Mit einem Teigrädchen Agnolotti von ca. 10 cm Kantenlänge ausradeln. Die Teigtaschen in Salzwasser einmal aufkochen lassen, danach ca. 5 Minuten ziehen lassen. Mit einem Schöpflöffel herausnehmen, abtropfen lassen und in Suppenteller geben.

—— Das Lachsmittelstück in feine Scheiben schneiden, über die Agnolotti legen, leicht mit Fleur de Sel bestreuen, mit der heißen Kräuter-Beurre-blanc übergießen und mit Lachskaviar garnieren.

»Beim Ravioliteig darauf achten, dass er lange genug geknetet wird. Die Ruhezeiten einhalten! Sonst hat man später keine Chance mehr auf gute Ravioli. Am besten schmecken sie, wenn man einen dünnen, bissfesten Teig macht und sie ordentlich füllt!«
RALF ZACHERL

»Nur zehn Wochen im Jahr kann man sie mit guten Gewissen frisch kaufen, die Erdbeere. Aber in dieser Zeit ist sie meine absolute Favoritin auf dem Speisezettel! Sie schmeckt himmlisch, hat mehr Vitamin C als Zitronen, ist Radikalenfänger und Antioxidans, entschlackt, hilft gegen rheumatische Erkrankungen und Gicht, ist gut für Haut, Nerven und Verdauung und stärkt das Immunsystem! Eine sexy Alleskönnerin, aber bitte nur von Mai bis Juni, alles andere belastet die Umwelt, schmeckt nicht und ist teuer.« **RALF ZACHERL**

ERD-
BEEREN

ERDBEER-TEMPURA
MIT GRATINIERTEM SPARGEL UND CURRYSAHNE

ZUTATEN

für 4 Personen

200 g Erdbeeren

500 g weißer Spargel

Salz

Zucker

200 g Sahne

2 EL geriebener Parmesan

½ EL Curry

1 EL Mehl zum Mehlieren

Öl zum Frittieren

FÜR DEN TEIG

1 Ei

250 ml eiskaltes Wasser

80 g Kartoffelstärke

80 g Weizenmehl

1 Prise feines Meersalz

1 Msp. Backpulver

Öl für das Backblech

—— Den Backofen auf Grillstufe einstellen.

—— Die Erdbeeren kurz waschen und Kelchblätter entfernen. Früchte auf Küchenpapier abtrocknen lassen. Den Spargel waschen, schälen und die holzigen Enden abschneiden. Dann mit Salz und Zucker bestreuen und 15 Minuten marinieren.

—— Spargel abtropfen lassen, eng anliegend auf ein geöltes Backblech geben. 2 EL Sahne mit dem Parmesan vermengen und über den Spargel verteilen. Im Backofen ca. 8 Minuten gratinieren, bis er eine goldbraune Kruste hat. Restliche Sahne steif schlagen, dabei den Curry unterrühren.

—— Für den Teig das Ei mit dem Wasser verrühren und die restlichen Zutaten unterrühren. Die Erdbeeren zuerst im Mehl wenden, danach durch den Teig ziehen und sofort ins heiße Fett geben. Wenn sie eine schöne goldbraune Farbe haben, mit einem Schöpflöffel herausnehmen und auf Küchenpapier abtropfen lassen.

—— Gratinierten Spargel auf Teller verteilen. Die Erdbeeren auf den Spargel legen und die Currysahne in Klecksen daneben anrichten.

GEBACKENE ERDBEEREN
MIT VANILLEPARFAIT

ZUTATEN
für 4 Personen

FÜR DAS PARFAIT

1 Bio-Zitrone

1 Vanillestange

4 Eigelb

125 g Puderzucker

2 cl Cointreau

500 g Sahne

1 Prise Salz

FÜR DAS ERDBEERMARK

250 g frische Erdbeeren

2 EL Puderzucker

FÜR DIE GEBACKENEN ERDBEEREN

20 mittelgroße Erdbeeren

1 Bio-Orange

100 g weiße Kuvertüre in Dropsform

einige Spritzer Grand Marnier

2 Eier

Mehl und Panko (asiatisches Paniermehl) zum Panieren

Puderzucker

2 Zweige Minze

—— Für das Parfait die Zitrone heiß waschen, trocken reiben und die Schale abreiben. Saft auspressen und für das Erdbeermark beiseitestellen. Vanillestange längs aufschlitzen und das Mark herauskratzen. Eigelbe und Puderzucker über einem Wasserbad cremig aufschlagen. Vanillemark, Zitronenabrieb und Cointreau hinzugeben und im Eisbad kalt rühren. Sahne steif schlagen und unterheben. Parfaitmasse in entsprechende Förmchen füllen und im Tiefkühlfach einfrieren. Vor dem Servieren 10 Minuten bei Zimmertemperatur antauen lassen.

—— Für das Mark die Erdbeeren waschen, putzen und vierteln. Zusammen mit dem Puderzucker und dem beiseitegestellten Zitronensaft in einem Becher mit dem Pürierstab fein pürieren.

—— Die Erdbeeren zum Füllen knapp vom Grün befreien und von hier aus vorsichtig aushöhlen. Orange heiß waschen, trocken reiben und die Schale abreiben. Erdbeeren mit den weißen Schokodrops füllen, mit Grand Marnier und Orangenabrieb marinieren. Anschließend zuerst in Mehl, dann in verquirltem Ei und Panko wenden. Vorgang mit Ei und Panko wiederholen, dann laufen die Erdbeeren nicht so schnell aus. Die panierten Früchte in der Fritteuse bei 170 °C goldgelb backen und auf Küchenpapier gut entfetten. Mit Puderzucker bestäuben. Mit Erdbeermark und Minze garnieren.

»Bei der Zubereitung für Kinder unbedingt den Alkohol weglassen! Anstatt mit Erdbeeren klappt's auch prima mit Kirschen, Pflaumen oder anderen Beerenfrüchten. Das Früchtemark, das übrig bleibt, könnt Ihr einmal aufkochen, in Schraubgläser füllen und im Kühlschrank aufbewahren.«

MARIO KOTASKA

SCHARFE NOUGATCREME
MIT ERDBEEREN

ZUTATEN
für 4 Personen

FÜR DIE CREME

1 Vanillestange

400 ml Sahne (30 % Fett)

100 ml Milch

30 g Zucker

2 Eigelb

2 Eier

100 g Mandelnougat

1 Bio-Limette

1½–2 Chilischoten
(je nach Schärfe)

1 Msp. gemahlener Kardamom

1 Prise Meersalz

brauner Rohrzucker

Lötlampe (Bunsenbrenner)

—— Für die Creme Vanillestange längs aufschlitzen und das Mark herauskratzen. Sahne mit Milch, Zucker, Vanillestange und -mark auf ca. 90 °C erhitzen. Eigelbe und Eier in einer Schüssel schaumig schlagen. Die heiße Sahnemilch durch ein Sieb gießen und dann unter ständigem Rühren (da sonst die Gefahr besteht, dass es Rührei gibt) langsam in die Eiermasse gießen. Nun den gewürfelten Nougat dazugeben und die Masse auf einem Wasserbad (Topf mit kochendem Wasser) mit einem Schneebesen ca. 10 Minuten rühren, bis sie leicht abbindet.

—— Limette heiß abwaschen, trocken reiben und die Schale abreiben. Chilischoten waschen, entkernen und fein würfeln. Limettenabrieb, Chili, Kardamom und Meersalz unter die leicht abgebundene Creme rühren und diese in beliebige Förmchen füllen (Kaffeetasse, Crème-brûlée-Schalen, Souffléschalen).

—— Doppelt gelegtes Küchenpapier in ein tiefes Blech oder eine Kasserolle legen, die gefüllten Schalen hinein-stellen und die Kasserolle mit heißem Wasser füllen, sodass die Schalen zu zwei Drittel im Wasser stehen. Im Backofen bei ca. 140 °C (Umluft) die Cremes 20–40 Minu-ten pochieren. Fertig sind sie, wenn man ein wenig daran rüttelt und sich die Creme wie ein Wackelpudding an-fühlt. Danach herausnehmen, im Kühlschrank auskühlen und fest werden lassen.

———— Die Erdbeeren waschen, putzen und je nach Größe halbieren, vierteln oder achteln. Nach Geschmack leicht zuckern. Mandelblättchen in einer Pfanne ohne Fett rösten, abkühlen lassen und darüberstreuen. (Wenn keine Kinder mitessen, vorher eventuell einen Schuss Amaretto über die Erdbeeren geben.)

———— Vor dem Abbrennen die Oberfläche der Creme mit Küchenpapier abtupfen, da meist etwas Kondenswasser darauf ist. Nun die Creme gleichmäßig mit braunem Rohrzucker bestreuen. Mit der Lötlampe den Zucker vorsichtig karamellisieren. Wenn alles goldbraun ist, kurz abkühlen lassen und mit den Erdbeeren servieren.

FÜR DIE ERDBEEREN

500 g Erdbeeren

Zucker

80 g Mandelblättchen

evtl. Amaretto

»Holt die Creme ca. 1 Stunde vor dem Abbrennen aus dem Kühlschrank. Dann ist sie temperiert und macht mehr Spaß beim Essen. Natürlich könnt Ihr die Creme pur essen, leckere Obst- oder Beerensalate und Eis passen aber sehr gut dazu.« **RALF ZACHERL**

ERDBEEREN
MIT SAUERAMPFER-PESTO
UND MANDELKROKANT

180 g Mandelblättchen

1 Bio-Orange

4 EL Zucker

800 g Erdbeeren

300 ml Vanilleeis

FÜR DAS PESTO

2 EL Pinienkerne

1 Bund Sauerampfer

1 EL Honig

1 Prise Meersalz

3–6 EL kaltgepresstes
Traubenkernöl

—— Mandelblättchen für den Krokant und Pinienkerne für das Pesto jeweils ohne Fett in einer Pfanne goldbraun rösten und erkalten lassen. Orange heiß waschen, trocken reiben, Schale abreiben und Saft auspressen.

—— Für den Krokant Zucker in einer beschichteten Pfanne karamellisieren, Mandelblättchen zugeben und schnell auf einem Stück Backpapier möglichst flach verteilen. Die Erdbeeren waschen, putzen, je nach Größe halbieren oder vierteln und mit Orangenabrieb und -saft marinieren.

—— Den Sauerampfer waschen, trocken schleudern und klein schneiden. Dann mit Honig, abgekühlten Pinien-kernen und 1 Prise Meersalz mit dem Pürierstab pürieren. Nach und nach das Öl zugeben, bis die Konsistenz an ein Pesto erinnert. Den Krokant mit einem Messer grob hacken, Vanilleeis vierteln und mit Mandelkrokant ummanteln. Die Erdbeeren auf Tellern anrichten, mit dem Pesto marinieren und mit dem Mandelkrokanteis vollenden.

»In das Pesto könnt Ihr auch frische Minze mixen, so kommt noch ein wenig Frische hinein.«
RALF ZACHERL

»Grillen ist für mich eine ganz ursprüngliche Art, Essen zuzubereiten – direkt über'm ›Feuer‹! Es gibt viel, was man beim Grillen falsch machen kann. Ich fasse mich kurz: Der größte Fehler ist das Marinieren. Die Marinade verbrennt auf dem Grill und tropft in die Glut. Besser ist es, das Fleisch nach dem Grillen, in der Ruhephase, mit Aromen zu bepinseln. Apropos Ruhephase: Ein gegrilltes Steak sollte auf jeden Fall vor dem Verzehr ein paar Minuten ruhen! Echte Grillprofis teilen sich den Grill in zwei Zonen ein, eine Angrillzone und eine Ruhezone, unter der am besten gar keine Kohle liegt, sondern eine leere Tomatenbüchse mit Wasser steht, die verhindert, dass abtropfendes Fett in der Glut verpufft und aufsteigt.«

MARTIN BAUDREXEL

GRILLEN

CHICKEN KEBAP

ZUTATEN
für 6 Portionen

FÜR DIE GEWÜRZMISCHUNG

2 TL Sumach, Essigbaum-
gewürz (gibt's von
Ingo Holland oder beim
Türken um die Ecke)

2 TL getrockneter Oregano

2 TL getrockneter Thymian

2 TL gemahlener
Kreuzkümmel

2 TL gemahlener Koriander

4 TL klein gehackte
Röstzwiebeln

FÜR DIE SPIESSE

400 g Maispoulardenbrust

½ Kopf Rotkohl

3 fleischige Tomaten

1 rote Zwiebel

FÜR DIE JOGHURTSAUCE

1–2 Knoblauchzehen

feines Meersalz

½ Salatgurke

200 g griechischer Joghurt

Cayennepfeffer

Pfeffer aus der Mühle

etwas frischer Saft von
1 Bio-Zitrone

ALS BEILAGE

türkisches Fladenbrot

—— Alle Zutaten für die Gewürzmischung miteinander vermengen.

—— Poulardenbrüste waschen, trocken tupfen und mit Haut der Länge nach halbieren. Dann in Scheiben schneiden und in der Gewürzmischung wenden. Abgedeckt im Kühlschrank 1–2 Stunden marinieren.

—— Vom Rotkohl den Strunk entfernen, Blätter in Stücke schneiden, waschen und abtropfen lassen. Tomaten waschen und in dicke Scheiben schneiden. Zwiebel schälen und in grobe Stücke schneiden. Mariniertes Hühnchen, Rotkohl, Tomaten und Zwiebel abwechselnd auf Metallspieße stecken.

—— Knoblauch schälen. Mithilfe 1 kleinen Prise Salz mit dem Messerrücken auf dem Schneidebrett zu einer Paste quetschen. Gurke waschen, mit einem Löffel entkernen und fein reiben. Raspel ausdrücken und zusammen mit dem Knoblauch unter den Joghurt mischen. Mit Salz, Cayennepfeffer, Pfeffer und Zitronensaft abschmecken.

—— Die Spieße rundherum 6 Minuten grillen. Mit der Joghurtsauce und gegrilltem Fladenbrot anrichten.

»Anstatt des Rotkohls eignet sich auch Weißkohl oder anderes Gemüse nach Geschmack.«
MARTIN BAUDREXEL

SCHWEINEKOTELETT
MIT TOMATEN-WASSER-MELONEN-SALSA UND GRÜNEM SPARGEL

ZUTATEN
für 4 Personen

500 g grüner Spargel

1 TL feines Meersalz

Zucker

4 Schweinekoteletts à 150–180 g (von Tieren aus regionaler Aufzucht, aus dem Metzgerfachgeschäft)

etwas Balsamico, ersatzweise Minze

Saft von ½ Bio-Orange

etwas Olivenöl

Fleur de Sel

Pfeffer

FÜR DIE SALSA

2 große Tomaten

200 g Wassermelone, nicht zu reif

1 rote Zwiebel

1 Handvoll Basilikumblätter

Saft von ½ Bio-Limette

Salz

Pfeffer

Zucker

1 Prise gemahlener Zimt

1½ EL Olivenöl

evtl. Parmesan zum Darüberhobeln

—— Den Spargel waschen, die holzigen Enden abschneiden; falls die Stangen sehr dick sind, das untere Drittel schälen und die Stangen der Länge nach halbieren. Spargel auf einem Blech mit dem Meersalz und 1 TL Zucker 1 Stunde marinieren.

—— Koteletts vor dem Grillen am Fettrand etwas einschneiden, ohne das Fleisch zu verletzen. Das verhindert, dass sich die Koteletts wölben. Koteletts mit Salz, Pfeffer und 1 kleinen Prise Zucker würzen. Ein paar Minuten stehen lassen. Generell sollte Fleisch nie im Kern eiskalt auf den Grill kommen, sondern immer schon etwas temperiert sein. Die Koteletts schräg auf den Grill legen, nach 2½ Minuten um 90° drehen, nach weiteren 2½ Minuten umdrehen und mit der anderen Seite genauso verfahren. Dann die Koteletts zum Ruhen auf die andere Seite des Grills setzen, wo keine Glut mehr ist.

—— In der Zwischenzeit den Spargel von allen Seiten ein paar Minuten grillen. Den Spargel heiß kurze Zeit in einer Marinade aus etwas Balsamico, Orangensaft, Olivenöl, Fleur de Sel und Pfeffer marinieren.

—— Für die Salsa Tomaten waschen. Melonenfleisch und Tomaten fein würfeln. Zwiebel schälen und fein würfeln. Basilikum fein schneiden. Alle Zutaten vermengen, mit Salz, Pfeffer, 1 kleinen Prise Zucker und Zimt abschmecken, mit Olivenöl vermischen. Sofort servieren.

—— In die Mitte der vorgewärmten Teller jeweils einige Spargelstangen legen, darauf die Koteletts setzen und die Salsa darum herum verteilen. Ich empfehle, über den Spargel noch Parmesan zu hobeln.

»Diese Salsa sollte man immer frisch machen.
Sie lässt sich nicht gut aufheben, da das Basilikum
grau wird und die Zwiebelwürfel oxidieren.«
MARTIN BAUDREXEL

GERÄUCHERTES ENTRECÔTE VOM GRILL

ZUTATEN
für 4 Personen

1,2 kg abgehangenes Entrecôte
(aus dem Metzgerfachgeschäft)

Fleur de Sel

Pfeffer aus der Mühle

1 Zweig Thymian

1 Zweig Rosmarin

1 Knoblauchzehe

1 EL Olivenöl

2 EL grober Senf

Smoke Chips
(zum Beispiel Jack Daniels
oder Ahorn)

—— Das Fleisch von allen Seiten ordentlich mit Salz und Pfeffer würzen. Big Green Egg (das ist ein Grill) anfeuern und sauber anglühen lassen. Anschließend mittels Schieber und Klappe die Temperatur auf 80 °C fallen lassen. Die in Wasser getränkten Chips in die Glut geben und das Entrecôte auf den Rost legen. Alle Lufteinlässe schließen und das Fleisch so ca. 3 Stunden »schwebend kalträuchern«. Das Ganze ist eine Art Niedertemperaturmethode, die besonders saftige Resultate hervorbringt.

—— Kräuter waschen und trocken schütteln. Thymianblättchen abzupfen, Rosmarin hacken. Knoblauch schälen und sehr fein würfeln. Alles mit Öl und Senf verrühren.

—— Danach das Entrecôte herausnehmen und die Glut wieder auf 300 °C hochfahren. Sobald die Temperatur erreicht ist, Entrecôte einlegen, Deckel schließen und so ca. 8 Minuten bräunen. Fleisch herausnehmen, mit der Kräuter-Senf-Paste dünn einstreichen und in Alufolie eingepackt ca. 10 Minuten ruhen lassen. Dazu passen verschiedene Salate und am besten mit der Restwärme gegrilltes Brot.

»Das ist ein fantastisches Stück Fleisch zum Angeben und am Tisch Aufschneiden. Wer in Bezug auf den richtigen Garpunkt unsicher ist, der kann als kleine Hilfe ruhig ein Kerntemperaturthermometer benutzen. Und noch mal: Das Fleisch vor dem Tranchieren ordentlich ruhen lassen!« **MARIO KOTASKA**

CHILI CHICKEN

4 Hühnerkeulen

Meersalz

FÜR DIE MARINADE

2 Schalotten

2 Knoblauchzehen

1 Zweig Thymian

1 Zweig Rosmarin

1–4 Chilischoten
(je nach Schärfe)

5 cl Olivenöl

50 ml Cola

50 ml Orangensaft

100 ml Ketchup

gerösteter Koriander
aus der Mühle

1 TL gelbes Currypulver
(Madras)

—— Bei den Hühnerkeulen den Hüftknochen (der vordere Knochen auf der Fleischseite) herauslösen oder vom Metzger auslösen lassen. Danach die Fleischseite (ohne Knochen) etwas plattieren.

—— Für die Marinade Schalotten schälen, halbieren und in feine Streifen schneiden. Knoblauch schälen und fein hacken. Kräuter waschen und trocken schütteln. Thymianblättchen abzupfen, Rosmarin fein schneiden. Chilis waschen, halbieren und entkernen. Schalotten im heißen Olivenöl hellbraun anschwitzen. Mit der Cola ablöschen und so weit reduzieren, dass die Zwiebeln leicht anfangen zu karamellisieren. Danach mit dem Orangensaft ablöschen und den Ketchup dazugeben. Marinade vom Herd nehmen, Thymian, Rosmarin, Knoblauch und Chili dazugeben. Mit Currypulver und kräftig mit Koriander würzen, auskühlen lassen.

—— Wenn die Marinade kalt ist, die Hühnerkeulen darin gut wenden und ca. 40 Minuten marinieren (am besten über Nacht im Kühlschrank).

—— Nach dem Marinieren mit der Hand die Marinade gut von den Hühnerkeulen abstreichen. Keulen salzen und auf dem Grill von jeder Seite ca. 12 Minuten knusprig grillen.

»Ihr könnt auch Hähnchenflügel, -brust oder anderes Fleisch, zum Beispiel Schweinehals oder -bauch, mit dieser Marinade einstreichen.« **RALF ZACHERL**

»Das Einwecken oder Einkochen kenne ich schon von meiner Oma und meiner Mutter. Es hat den großen Vorteil, dass man seine eigenen Konserven herstellen kann und gleichzeitig bestimmt, was ›drinne is‹. Auch erleichtert es die Essenszubereitung. Wenn man zum Beispiel im Winter ein Glas selbst eingemachte Kirschen aufmacht, hat man im Nu ein Dessert. Im Sommer/Herbst muss man sich natürlich die Zeit zum Einwecken nehmen, aber dann geht's superschnell.« **MARIO KOTASKA**

EIN-
WECKEN

RUM-KIRSCHEN

—— Kirschen in Weckgläser füllen. Alle übrigen Zutaten in einen großen Topf geben und auf 80 °C erhitzen. Flüssigkeit auf die Kirschen füllen. Gläser mit Gummi, Deckel und Klammer verschließen. Achtung: Der Rand muss blitzsauber bleiben, am besten mit einem Trichter arbeiten, da es sonst zu »Luftziehern« kommen kann. Die so befüllten Gläser im Einkochautomaten oder im Backofen im indirekten Wasserbad (Blech mit Geschirrtuch und heißem Wasser) bei 80 °C 25–30 Minuten einwecken.

—— Zum Verzehr die Kirschen abtropfen lassen, dabei den Saft auffangen. Saft aufkochen und mit etwas Speisestärke binden. Nach Belieben mit Stroh-Rum abschmecken. Kirschen zurück in die Sauce geben und am besten warm mit Vanille- oder Walnusseis servieren.

ZUTATEN
für 5 kg

5 kg entsteinte Kirschen (Einkauf ca. 5,6 kg)

750 ml trockener Rotwein

3 l Kirschnektar

250 ml roter Portwein

250 ml Sherry

400 ml Stroh-Rum (nichts anderes!)

400 g Gelierzucker 2:1

250 g Zucker

2 Vanillestangen

Schale von 1 Bio-Zitrone

Schale von 1 Bio-Orange

4 Zimtstangen

3 Gewürznelken

»Dieses Rezept funktioniert genauso gut mit Zwetschgen.« **MARIO KOTASKA**

RHABARBERKOMPOTT
MIT KARDAMOM

ZUTATEN
für ca. 6 Gläser à 250 ml

1 kg Rhabarber

1 Vanillestange

500 ml Apfelsaft

200 g Gelierzucker 3:1

18 grüne Kardamomkapseln

100 g Zucker

1 Prise Meersalz

—— Rhabarber waschen, putzen und schälen. Vanille-stange längs aufschlitzen und das Mark herauskratzen. Die Abschnitte bzw. Schalen vom Rhabarber mit Apfel-saft, Gelierzucker, angeschlagenen Kardamomkapseln und der ausgekratzten Vanillestange 3 Minuten kochen und dann ziehen lassen.

—— Inzwischen den Rhabarber in mundgerechte Stücke schneiden und mit dem Zucker ca. 30 Minuten marinie-ren. Danach auf ein Sieb geben, den Saft auffangen und zum Apfelsaft geben. Den Rhabarber auf die Gläser verteilen, den Fond durch ein Sieb passieren und 1 Prise Meersalz unterrühren. In jedes Glas ⅙ Vanillestange und 3 Kardamomkapseln geben. Den Fond mit dem Vanille-mark aufkochen und kochend auf die Gläser verteilen.

—— Die Gläser verschließen, im Wasserbad (im Back-ofen) bei 90 °C ca. 25 Minuten einwecken.

»Ich persönlich lasse die Gläser nur 10 Minuten zie-hen. Dann ist das Kompott zwar nicht so lange haltbar, aber es wird eh nie älter als 6 Wochen; das packt es gekühlt ohne Probleme und hat noch einen leichten Biss. Beim Einkauf darauf achten, dass die Stangen die gleiche Größe haben, so sind sie spä-ter leichter zu verarbeiten und haben den gleichen Garpunkt. Apfelkompott, Birnenkompott usw. haben fast die gleiche Zubereitung. Wichtig: Die Schalen und Kerngehäuse immer zuerst auskochen. Das bringt viel Geschmack, Vitalstoffe und Pektin für die Bindung.« **RALF ZACHERL**

GESCHMORTE CIPOLLINI

ZUTATEN
für 500 g

1 Bio-Orange
1 daumengroßes Stück Ingwer
3 Knoblauchzehen
1 Bund frische Minze
500 g Cipollini
2 EL Olivenöl
½ EL grobes Meersalz
4 EL Zucker
200 ml trockener Rotwein
100 ml roter Portwein
60 ml preiswerter Balsamico
4 Zweige Rosmarin

FÜR DAS GEWÜRZSÄCK-CHEN BZW. GEWÜRZEI

2 Gewürznelken
3 Pimentkörner
8 schwarze Pfefferkörner
1 Lorbeerblatt
2 Sternanis

——Von der Bio-Orange mit einem Sparschäler die Schale entfernen. Darauf achten, dass die weiße Schicht unter der Zeste an der Orange bleibt. Ingwer schälen und in Scheiben schneiden. Knoblauch schälen und andrücken. Minze waschen und trocken schütteln. Die Zwiebeln mit Schale kurz waschen. Anschließend ungeschält mit dem Olivenöl, je 1 Prise Salz und Zucker durchmengen und im Backofen bei 180 °C 10 Minuten rösten. Abkühlen lassen und vorsichtig schälen.

—— Den Zucker in einer großen, flachen Pfanne karamellisieren lassen. Rotwein, Portwein und Essig angießen. Rosmarin, Orangenschale, Ingwer, Gewürzsäckchen und Knoblauch dazugeben und aufkochen lassen. Zwiebeln zufügen, die Pfanne abdecken und 15 Minuten bei geringer Hitze leicht köcheln lassen.

—— Zwiebeln auf Einmachgläser mit Schraubverschluss verteilen. In jedes Glas ein paar Blätter Minze geben. Den Sud durch ein feines Sieb passieren und die Gläser damit so füllen, dass die Zwiebeln bedeckt sind. Die Gläser verschließen und im Backofen bei 100 °C 30 Minuten einwecken. So eingeweckt halten sich die Cipollini bis zu 6 Wochen im Kühlschrank.

»Die kleinen eingemachten Zwiebeln schmecken hervorragend zu Käse oder als Beilage zu gegrilltem Fleisch. Wer keine Minizwiebeln zur Hand hat, kann einfach rote Zwiebeln nehmen und diese in Segmente schneiden, sodass der Strunk erhalten bleibt. Als Gewürzsäckchen eignet sich ein Kaffeefilter, den man mit Küchengarn verschließt.«
MARTIN BAUDREXEL

SAUER EINGELEGTE STEINPILZE

—— Steinpilze putzen und in daumengroße Stücke schneiden. Riesling mit Essig und allen weiteren Zutaten einmal kurz aufkochen, durch ein Sieb passieren, erneut aufkochen. Steinpilze zugeben, einmal zusammen aufkochen und sofort in einer Schüssel über einem Eisbad abkühlen. Pilze mit Sud in Weckgläser füllen, pro Glas ca. 2 cm Olivenöl aufgießen. Gläser verschließen und bei 90 °C 30 Minuten im vorgeheizten Backofen einkochen. Danach an einem dunklen und kühlen Ort aufbewahren.

—— Zum Verzehr einfach mit frisch geschnittenem Schnittlauch und sehr fein geschnittenen Schalotten verfeinern.

ZUTATEN
für 1 kg

1 kg Steinpilze

900 ml Riesling Qualitätswein

450 g Sherryessig

45 g Salz

5 Knoblauchzehen

20 schwarze Pfefferkörner

5 frische Lorbeerblätter

5 Schalotten

300 ml bestes kaltgepresstes Olivenöl

»Das Rezept eignet sich auch für Pfifferlinge oder Kräuterseitlinge. Es handelt sich hierbei um eine ›Sauer-Konserve‹, also mit Essig, daher kann man die entstandene Vinaigrette auch hervorragend zum Marinieren von Salaten verwenden.«
MARIO KOTASKA

ROTE BETE EINKOCHEN

ZUTATEN

Ein Bund Rote Bete

Salz

Kümmel

Evtl. Lorbeerblätter,
Gewürznelken,
Wachholderbeeren

ca. 1 Flasche Gurkenaufguss

—— Nach der Ernte die Knollen grob von Erde befreien. Keine Wurzeln etc. abschneiden! Vorsichtig unter fließendem Wasser waschen. Darauf achten, dass die Schale (Haut) nicht verletzt wird, da sonst beim Kochen der Erdgeschmack in die Knolle dringt und die Farbe auskocht!

—— Rote Bete jetzt in einem großen Topf mit ausreichend Wasser wie Kartoffeln gar kochen. Dem Kochwasser entsprechend Salz und etwas Kümmel hinzugeben.

—— Die Knollen nach dem Garen vorsichtig mit einer Schöpfkelle aus dem Wasser nehmen und abtropfen lassen. Nach dem Erkalten lässt sich die Haut (Schale) von den Knollen abziehen. Jetzt werden auch die Wurzelreste mit abgeschnitten. Rote Bete in mundgerechte ca. ½ cm dicke Scheiben schneiden, in ein Weckglas einschichten, dabei am oberen Rand ca. 2 cm Platz lassen. Je nach Geschmack können Lorbeerblätter, Gewürznelken und Wacholderbeeren mit eingeschichtet werden.

—— Gurkenaufguss nach Packungsangabe zubereiten, evtl. mit Salz und Zucker individuell abschmecken. Flüssigkeit heiß in die Gläser füllen, sodass die Scheiben bedeckt sind. Rand des Einweckglases gut säubern, Gummiring auflegen, mit Deckel und Spange verschließen. Im Einkochapparat 25–30 Minuten bei 85 °C einkochen. Oder im Backofen bei 100 °C ca. 30 Minuten.

»Echt gut aufpassen, dass die Schalen nicht beschädigt werden. Hier muss Sorgfalt walten! Vor dem Anrichten der Roten Beten den Saft ablaufen lassen – er kann sehr gut getrunken werden. Eine Vinaigrette aus Essig, Öl, Pfeffer, Salz, etwas Zucker und klein geschnittenen Schalotten herstellen und die abgetropften Roten Beten zugeben. Salat durchmischen und etwas durchziehen lassen. Evtl. mit Schnittlauchröllchen bestreuen.« **MARIO KOTASKA**

»Die Definition von Fingerfood ist, dass man alles auf dem Teller mit den Fingern oder zumindest mit einer Hand und einer kleinen Gabel essen kann. Fingerfood bietet die Möglichkeit, viele verschiedene Dinge zu servieren – der Trend geht zu kleineren Portionen und dafür aber mehreren Gängen. Mit Fingerfood hat man die Möglichkeit, für Gäste nicht nur zu kochen, sondern sie mit dem Essen richtig zu ›entertainen‹. Durch die vielen kleinen Gänge kommt jeder auf seine Kosten!« **MARTIN BAUDREXEL**

FINGER-FOOD

GURKE-MELONE-FORELLE

—— Kleine Schälchen im Tiefkühlgerät vorkühlen.

—— Die Zutaten für die Marinade verrühren. Forellenfilets der Länge nach halbieren. Jede Hälfte in 5 Stücke schneiden. Die Forellenstücke in der Marinade mindestens 1 Stunde marinieren.

—— Die halbe Gurke der Länge nach halbieren, mit einem kleinen Löffel die Kerne herauskratzen. Mit einem Sparschäler an den Seiten beginnend Streifen ziehen, sodass an jedem Streifen noch ein grüner Rand der Schale bleibt. Die Melone in perfekte Würfel schneiden. Den Verschnitt von Melone und Gurke mit der Buttermilch fein pürieren. Mit Salz und Cayennepfeffer abschmecken. Danach durch ein feines Sieb passieren.

—— Auf die Spieße jeweils ein aufgefächertes Gurkenband, dazwischen ein Stück Forelle und zuletzt einen Melonenwürfel stecken..

—— Die Buttermilch in die Schälchen verteilen. Einen Tropfen Olivenöl daraufgeben und in jedes Schälchen 2 Spieße setzen.

»Das Besondere hier ist die Marinade für
die Forelle.« **MARTIN BAUDREXEL**

KNUSPRIGE HÄHNCHENROLLEN

ZUTATEN
für 6 Personen

1 Maispoulardenbrust,
ca. 160 g

FÜR DIE MARINADE
1 kleine Chilischote

1 EL helle Sojasauce

1 TL Fischsauce

½ EL Sesamöl

1 TL frisch geriebener Ingwer

schwarzer Pfeffer aus der
Mühle

FÜR DIE FÜLLUNG
1 kleine Karotte

80 g Chinakohl

100 g Zuckerschoten

1 kleine Prise Salz

1 kleine Prise Zucker

2 Frühlingszwiebeln

½ Bund frischer Koriander

6 Blätter kleines Reispapier,
16 cm Durchmesser

1 l Öl zum Frittieren

helle Sojasauce zum Dippen

—— Die Hähnchenbrust waschen, trocken tupfen und in Streifen schneiden. Für die Marinade Chilischote waschen, entkernen und fein hacken. Mit den übrigen Zutaten verrühren. Fleisch darin einlegen und mindestens 2 Stunden marinieren.

—— Karotte schälen, Chinakohl und Zuckerschoten waschen und abtropfen lassen. Alles in Streifen schneiden und in einer kleinen Schüssel mit etwas Salz und Zucker vermengen (dann werden sie etwas weicher und schmecken intensiver). Frühlingszwiebeln waschen und schräg in dünne Streifen schneiden. Koriander waschen, trocken schütteln und Blättchen abzupfen.

—— Die Reispapierblätter 1–2 Minuten in kaltem Wasser einweichen. (Man sollte, wenn man nicht so geübt ist, immer eine Rolle fertig stellen und dann erst das nächste Reispapier einweichen. Später kann man mehrere Rollen auf einmal füllen.)

—— Die Zutaten für die Füllung auf Küchenpapier gut abtropfen lassen und alles mischen. Das Reispapier auf die Arbeitsfläche legen. In die Mitte etwas Füllung länglich auflegen. Auf die Füllung ein paar Hähnchenstreifen setzen. Die Enden über die Füllung klappen und stramm zusammenrollen.

—— Öl zum Frittieren im Wok oder in einer tiefen Pfanne erhitzen. Zum Testen, ob das Fett heiß genug ist, hält man den Stil eines Holzlöffels hinein. Entstehen daran Blasen, kann es losgehen mit dem Backen. Rollen goldbraun ausbacken, auf Küchenpapier abtropfen lassen und sofort in kleinen Schälchen mit etwas heller Sojasauce zum Dippen servieren.

»Beim Kauf von frischem Koriander immer darauf achten, dass die Wurzel dran ist. Man kann diese auch benutzen, um zum Beispiel eine Suppe zu aromatisieren.« **MARTIN BAUDREXEL**

NORDHESSISCHER SPECKKUCHEN
MIT APFELSALAT

ZUTATEN
für 4 Personen

FÜR DEN TEIG

400 g Mehl

1 Würfel Hefe

1 Prise Zucker

10 g Salz

etwas Sonnenblumenöl
zum Einfetten der Fettpfanne

FÜR DEN BELAG

750 g Frühlingszwiebeln

Salz

Muskatnuss

Zucker

½ Bund glatte Petersilie

2 Knoblauchzehen

50 g Schmalz ohne Grieben

50 g Mehl

750 ml Milch

250 g Schmand

1 Ei

300 g fetter Speck

200 g Semmelbrösel

FÜR DEN SALAT

2 Äpfel (Granny Smith)

2 Schalotten

1 Kopf feiner Friséesalat

2 gekochte Rote Beten

2 EL Kürbiskernöl

1 EL Apfelessig

Salz

Pfeffer

Zucker

—— Mehl in eine Küchenmaschine mit Knethaken geben. Zerbröckelte Hefe in 250 ml lauwarmem Wasser auflösen, Zucker und Salz zufügen und alles zu einem Teig verkneten. Teig 15–20 Minuten zugedeckt an einem warmen Ort gehen lassen. Anschließend ausrollen, in die gefettete Fettpfanne des Backofens legen und mit der Gabel einstechen.

—— Für den Belag Frühlingszwiebeln waschen und in feine Ringe schneiden. Mit Salz, frisch geriebener Muskatnuss und Zucker würzen. Petersilie waschen, trocken schütteln und fein schneiden. Knoblauch schälen und sehr fein würfeln. Schmalz erhitzen und das Mehl einrühren, danach mit Milch und Schmand aufgießen und unter ständigem Rühren eine Béchamelsauce herstellen. Frühlingszwiebeln, Petersilie und Knoblauch unterheben. Mit Salz, Zucker und Muskat abschmecken. Alles zusammen mit dem Ei vermengen und auf dem Teig verteilen.

—— Speck in dünne Scheiben schneiden, in Semmelbröseln wälzen und dicht an dicht auf dem Belag verteilen. Bei 220 °C im Backofen backen, bis der Speck braun und kross ist.

—— Für den Salat Äpfel waschen und trocken reiben. Schalotten schälen und würfeln. Friséesalat waschen, schleudern und zerpflücken. Äpfel und Rote Bete fein schnetzeln, mit Schalottenwürfeln, Kürbiskernöl und Apfelessig marinieren, mit Salz, Pfeffer und 1 Prise Zucker würzen. Frisée unterheben. Den Salat zusammen mit dem in Stücke geschnittenen Speckkuchen anrichten.

»Ohne den Apfelsalat ein deftiges, regionales
Stück Kuchen uff die Hand.« **MARIO KOTASKA**

SELLERIE-POMMES
MIT SCHARFER MANGO

ZUTATEN
für 4 Personen

2 Sellerieknollen

Meersalz

Zucker

1 reife Mango, am besten
aus Thailand

1–2 rote Chilischoten oder
Peperoni

100 ml Ketchup

300 g Semmelbrösel

3 Eier

Saft von 1 Bio-Zitrone

Mehl

ca. 1 l Pflanzenöl zum Backen

—— Den Knollensellerie schälen, in ca. 2 cm dicke Scheiben schneiden und aus den Scheiben längliche Pommes schneiden. Diese dann mit Meersalz und etwas Zucker würzen, ca. 15 Minuten ziehen lassen.

—— Mango schälen, vom Stein lösen und in feine Würfel schneiden. Chilischoten waschen, entkernen und fein würfeln. Beides mit dem Ketchup mischen, mit Meersalz und Zucker abschmecken.

—— Sellerie-Pommes bissfest dämpfen oder in Salzwasser bissfest kochen.

—— Sellerie mit etwas Zitronensaft und Meersalz würzen. Dann wie ein Schnitzel in Mehl wälzen, durch die verschlagenen Eier ziehen und in Semmelbröseln wenden. Sellerie-Pommes im heißen Öl goldbraun backen, auf Küchenpapier entfetten und schnell mit dem Ketchup servieren.

»Solche Pommes kann man auch aus Karotten,
Zucchini oder Batate (Süßkartoffel) zubereiten.
Und wenn man sie roh lässt auch aus Gurke,
Paprika und Staudensellerie.« **RALF ZACHERL**

»Kuchen werden immer weniger selbst gebacken (war bei mir auch so). Dabei sind Kuchen gerade für Anfänger der ideale Einstieg in die Küche. Und mal ehrlich: Wenn ich von jemandem einen Kuchen gebacken bekomme, dann freue ich mich doch wie Bolle. Selbst gebackene Kuchen machen kleine Anlässe zu Feiertagen.« **RALF ZACHERL**

KUCHEN

KUBITSCHECKS SCHOKO-TARTE

FÜR DEN MÜRBETEIG

1 Vanillestange
220 g Mehl
80 g Zucker
80 g kalte Butter
1 gestrichener TL Backpulver
1 Ei (Größe M)
1 Prise Salz
Fett für die Form
300 g Hülsenfrüchte zum Blindbacken

FÜR DIE FÜLLUNG

1 Vanillestange
200 g Zartbitterschokolade
50 g Schokominzblättchen, zum Beispiel »After Eight«
320 g Sahne
120 g brauner Zucker
70 g Butter
1 Prise Salz
4 Eier (Größe M)

—— Für den Mürbeteig zuerst die Vanillestange längs aufschlitzen und das Mark herauskratzen. Dann alle Zutaten rasch zu einem glatten Mürbeteig verkneten. In Folie einwickeln und 30 Minuten im Kühlschrank ruhen lassen. Teig zwischen zwei Bögen Backpapier ca. ½ cm dick ausrollen. Die Teigplatte sollte etwas größer als der Boden der Tarteform sein.

—— Den ausgerollten Mürbeteigboden in die eingefettete Tarteform legen. Aus dem überstehenden Teig eine Rolle formen und daraus einen schönen, gleichmäßigen Rand modellieren. Den Boden der Tarte mit einem kreisrunden Stück Backpapier auskleiden und die Form mit Hülsenfrüchten (getrocknete Erbsen, Linsen) auffüllen.

—— Boden bei 175 °C 16 Minuten blindbacken. Danach das Backpapier mit den Hülsenfrüchten entfernen und den Tarteboden abkühlen lassen.

—— Für die Füllung die Vanillestange der Länge nach aufschlitzen und das Mark herauskratzen. Schokolade hacken, Minzblättchen zerbröckeln. Sahne, Zucker und Vanillemark in einem Topf aufkochen. Topf von der Flamme nehmen und die Butter darin auflösen. Nach und nach die gehackte Schokolade, zerbröckelten Minzblättchen und Salz dazugeben und auflösen. Die Eier in einer separaten Schüssel verquirlen und schlückchenweise unter die Butter-Schokoladen-Mischung rühren, bis eine glatte Masse entsteht.

—— Die Füllung in die Tarteform gießen und das Ganze bei 150 °C 40 Minuten backen. Vor dem Servieren gut auskühlen lassen.

»Bei dieser Tarte aus dem *Café Kubitscheck* von Armin handelt es sich um meine persönliche Lieblingsverführung in Sachen Schokolade. Ganz hervorragend passen im Sommer frische Himbeeren dazu.« **MARTIN BAUDREXEL**

MAMA GUNDIS STACHELBEERKUCHEN

ZUTATEN
für ein Backofenblech

FÜR DEN QUARKÖLTEIG

200 g Speisequark
(Magerstufe)

2 EL Milch

1 Ei (Größe M)

8 EL (ca. 125 ml) Speiseöl

150 g Zucker

1 Päckchen Vanillezucker

1 Prise Salz

400 g Dinkelmehl

1 Päckchen + 2 gestrichene
TL Backpulver

Fett für das Backblech

FÜR DEN BELAG

ca. 1½–2 kg Stachelbeeren aus
dem Glas (am besten selbst
eingemachte)

1 l Milch

2 Päckchen Puddingpulver
Vanillegeschmack

FÜR DIE SCHAUMMASSE

2 Eiweiß

2 Kaffeetassen Zucker

2 Kaffeetassen Stachelbeersaft
von den eingemachten
Früchten (normale Kaffee-
tassen, keine Humpen)

——— Backofen auf 200 °C Ober-/Unterhitze (keine Umluft verwenden!) vorheizen. Alle Zutaten für den Teig zusammenrühren. Teig nur kurz kneten, sonst wird er zu klebrig. Auf ein gefettetes Backblech geben und gleichmäßig glatt andrücken.

——— Für den Belag ca. 1½–2 kg Stachelbeeren auf einem Sieb gut abtropfen lassen (am besten über Nacht). Dabei den Saft auffangen. Aus Milch und Puddingpulver nach Packungsanweisung einen Pudding kochen (wenn man viel Saft hat, kann man auch Milch und Saft je zur Hälfte nehmen). Die gut abgetropften Stachelbeeren unter den heißen Pudding heben. Die Masse dann gleichmäßig auf den Teig streichen. Kuchen im Backofen auf der mittleren Schiene ca. 25 Minuten backen.

——— Für die Schaummasse in einer Küchenmaschine mit Rührbesen Eiweiß, Zucker und Stachelbeersaft auf höchster Stufe zu einer sehr dicken Masse (Schnittprobe) verrühren. Kurz vor Ende der regulären Backzeit die Schaummasse gleichmäßig auf den Stachelbeeren verteilen, dabei rundum einen Rand von ca. 2½ cm frei lassen, da die Masse beim Backen noch etwas läuft.

——— Kuchen nun fertig backen und dabei im Auge behalten. Die Schaummasse soll oben leicht gebräunt sein und keine Risse haben. Das kann je nach Ofen 10–15 Minuten dauern. Am besten erreicht man das, wenn man den Backofen schon vorher abstellt und die Restwärme nutzt.

——— Den Kuchen nicht sofort aus dem Ofen nehmen, sonst fällt der Schaum zusammen. Ich lasse ihn bei leicht geöffneter Tür – langsam immer weiter öffnen – auskühlen. Kühlt der Kuchen bei geschlossener Tür aus, entsteht Kondenswasser, was den Schaum ebenfalls zusammenfallen lässt.

»Der Kuchen schmeckt auch mit Zwetschgen oder Kirschen prima.« **MARIO KOTASKA**

RUMBOMBE
(DANKE, ILSE)

ZUTATEN
für 12–16 Stücke

FÜR DEN BISKUIT

6 frische Eier

300 g Zucker

6 EL heißes Wasser

240 g Mehl

1 TL Backpulver

abgeriebene Schale
von ½ Bio-Zitrone

1 Prise Meersalz

Fett für die Backform

FÜR DIE BUTTERCREME

150 g Zucker

30 g Speisestärke

2 Eigelb

250 ml Milch

1 Vanillestange

1 Prise Meersalz

220 g zimmerwarme Butter

8 EL Rum (54 % Vol.)

—— Eine Springform (24 cm Durchmesser) gut einfetten. Backofen auf 180 °C Ober-/Unterhitze vorheizen.

—— Eier und Zucker mit dem Handrührgerät kalt aufschlagen. Ist die Masse leicht schaumig, das heiße Wasser dazugeben und so lange schlagen, bis eine homogene Masse ohne Blasen entsteht. Danach das Mehl mit dem Backpulver mischen, über die Eischaummasse sieben, Zitronenschale und Meersalz zufügen und alles vorsichtig unterheben.

—— Biskuitmasse sofort in die Backform füllen und im vorgeheizten Backofen auf der mittleren Schiene ca. 50 Minuten backen. Biskuit aus der Form lösen und auskühlen lassen.

—— Für die Buttercremefüllung Zucker, Stärke und Eigelb mit einem Teil der Milch glatt rühren. Die Vanillestange längs aufschlitzen und das Mark herauskratzen. Beides mit der restlichen Milch und 1 Prise Meersalz aufkochen. Wenn die Milch kocht, die Ei-Zucker-Masse zügig in die heiße Milch einrühren und vom Herd nehmen. Die Eigelb-Stärke-Mischung bindet alles zu einer Creme ab. Creme in eine Schüssel füllen und kalt stellen, ab und zu umrühren, damit sich keine Haut bildet, oder ein Stück Klarsichtfolie darauflegen.

—— Die Butter schaumig rühren, nach und nach den Rum und die auf Zimmertemperatur abgekühlte Vanillecreme unterschlagen.

—— Ein Drittel des Biskuits waagerecht als Boden abschneiden. Die anderen zwei Drittel werden in ca. 2 cm dicke Würfel geschnitten (wenn keine Kinder mitessen, kann man die Biskuitwürfel auch noch mit Rum tränken) und vorsichtig unter die fertige Vanillecreme gehoben. Nun die Crememasse bergartig auf den Boden aufstreichen und die Rumbombe kalt stellen.

»Beim Einfüllen die Biskuitmasse an den Backform-
rändern hochstreichen, damit der Teig gleichmäßig
aufgeht. Der Tortenboden kann auch noch mit einer
leckeren, selbst gemachten Zwetschgen- oder Kirsch-
marmelade bestrichen werden. Wer mag, überzieht
sie zusätzlich mit Schokolade.« **RALF ZACHERL**

KÄSEKUCHEN

ZUTATEN
für 12–16 Stücke

FÜR DEN TEIG

125 g Margarine

100 g Zucker

1 Ei (Größe M)

250 g Mehl

½ Päckchen Backpulver

1 Prise Meersalz

FÜR DIE FÜLLUNG

1 Vanillestange

65 g Margarine

125 g Zucker

4 Eier (Größe M)

500 g Schmand

500 g Schichtkäse
(notfalls Quark, aber bitte
Vollfettstufe)

40 g Speisestärke

abgeriebene Schale
von 1 Bio-Zitrone

abgeriebene Schale
von ½ Bio-Orange

1 Prise Meersalz

—— Für den Teig Margarine und Zucker schaumig schlagen, dann das Ei unterrühren. Mehl und Backpulver mischen, mit dem Meersalz unter die Fett-Zucker-Mischung kneten. Den Teig in eine gebutterte Springform (28 oder 24 cm Durchmesser) drücken, den Rand komplett hochziehen und den Boden mit einer Gabel mehrmals einstechen.

—— Für die Füllung die Vanillestange längs aufschlitzen und das Mark herauskratzen. Margarine schaumig schlagen, Zucker unterrühren, Eier einzeln zufügen. Nach und nach Schmand, Schichtkäse und Speisestärke unterrühren. Vanillemark, abgeriebene Zitrusschalen und Meersalz unter die Käsemasse rühren. Die Füllung auf dem Teig verteilen, im Backofen bei 170–180 °C (Ober-/Unterhitze) auf der zweiten Schiene von unten circa 1–1½ Stunden backen. Je heller der Käsekuchen bleibt, umso besser schmeckt er.

»Ich liebe Käsekuchen, denn er ist einer der wenigen Kuchen, die sowohl frisch als auch nach 3–4 Tagen total lecker sind.« **RALF ZACHERL**

GRUND-
LAGEN

AMERICAN DRESSING

ZUTATEN
für ca. 300 ml

150 g Vollmilchjoghurt

50 g Crème fraîche

1 EL Ketchup

1 TL Senf

Saft von 1 Bio-Zitrone

Salz

Pfeffer aus der Mühle

Zucker

—— Joghurt mit Crème fraîche glatt rühren. Ketchup und Senf unterrühren. Dressing mit dem Zitronensaft, Salz, Pfeffer und etwas Zucker abschmecken.

»Wer mag, kann Schnittlauch in feine Röllchen schneiden, Petersilie fein hacken sowie eine kleine rote Paprika in feine Würfel schneiden und unter das Dressing rühren. Auf diese Art kann man Kindern das oft verschmähte Gemüse unterschmuggeln. American Dressing passt besonders gut zu frischen Blattsalaten.« **DIE KÜCHENCHEFS**

FRENCH DRESSING

——— Den Knoblauch schälen und sehr fein hacken.

——— Eigelb, Senf, Essig und Knoblauch mit etwas Salz und Zucker in einen hohen Mixbecher füllen und mit dem Pürierstab kurz anmixen. Danach das Öl in einem dünnen Strahl zufügen. Sollte das Dressing etwas zu dick sein, zum Schluss noch ein wenig Brühe oder Sahne untermixen und nochmals abschmecken.

ZUTATEN
für ca. 300 ml

1 Knoblauchzehe

1 Eigelb

1 TL mittelscharfer Senf

3 EL Weißweinessig

Salz

Pfeffer aus der Mühle

1 Prise Zucker

150 ml Sonnenblumenöl

evtl. 50 ml Gemüsebrühe oder Sahne

»Wer lediglich einen Hauch Knoblauch möchte, reibt den Mixbecher vorher nur mit der Schnittfläche einer halben Knoblauchzehe aus. Das Dressing kann man zusätzlich mit fein geschnittenem Schnittlauch und Petersilie verfeinern. Sonnenblumenöl ist problemlos durch ein anderes Öl ersetzbar.« **DIE KÜCHENCHEFS**

VINAIGRETTE

ZUTATEN
für ca. 200 ml

1 kleine Zwiebel

50 ml weißer Balsamico oder
Weißweinessig

Salz

Pfeffer aus der Mühle

1 Prise Zucker

150 ml Öl

—— Zwiebel schälen und fein würfeln. Essig mit Zwiebel, Salz, Pfeffer und Zucker verrühren, bis sich Salz und Zucker aufgelöst haben. Danach das Öl einrühren und nochmals abschmecken.

»Man kann auch alle Zutaten in ein Schraubglas füllen, das Glas gut verschließen und kräftig durchschütteln. So werden alle Zutaten ebenfalls sehr gut vermischt. Die Vinaigrette lässt sich mit anderen Öl- und Essigsorten nach Geschmack variieren. Frisch gehackte Kräuter und Tomatenwürfelchen geben einer Salat-Vinaigrette zusätzlich Pfiff.« **DIE KÜCHENCHEFS**

FISCHFOND

—— Die Karkassen in einer Schüssel unter fließendem Wasser gründlich waschen, bis das Wasser klar und frei von Trübstoffen ist. Die Karkassen sorgfältig abtropfen lassen.

—— Die Butter in einem großen Topf zerlassen und die Karkassen darin langsam unter Wenden für 3–4 Minuten anziehen lassen, ohne dass sie Farbe annehmen (dadurch entwickeln sich die Geschmacks- und Aromastoffe).

—— Das Gemüse putzen, waschen und in gleichmäßig kleine Stücke schneiden, Schalotten und Knoblauch schälen, Petersilie waschen. Vorbereitete Zutaten mit dem Weißwein und dem Pernod zu den Fischkarkassen geben. Mit 750 ml kaltem Wasser aufgießen, Gewürze zugeben und alles aufkochen. Den aufsteigenden weißen Schaum während des Kochens abschöpfen, damit der Fond klar bleibt. Den Fond nicht länger als 30 Minuten ziehen lassen.

—— Dann den Fond durch ein mit einem Tuch ausgelegtes Sieb abpassieren.

ZUTATEN
für ca. 1 l

1 kg Karkassen von Weißfischen, ohne Kopf (Forelle, Zander, Steinbutt)
150 g Butter
200 g Lauch, nur das Weiße
200 g Petersilienwurzeln
1 kleine Fenchelknolle
200 g Staudensellerie
6 Schalotten
2 Knoblauchzehen
2 Bund Petersilie
250 ml trockener Weißwein
100 ml Pernod oder Noilly Prat
2 Zweige Thymian
1 TL weiße Pfefferkörner
3 Lorbeerblätter

»Als Vorrat den Fond in Eiswürfelbereitern einfrieren und die Würfel in Gefrierbeutel umfüllen. Natürlich lässt sich auch eine Fischsuppe daraus machen: Einfach Fischstücke und Meeresfrüchte, Gemüse, Gewürze, Safran und frische Kräuter nach Geschmack dazugeben. Mit Knoblauchbrot servieren. Die Karkassen bekommt Ihr nach Vorbestellung beim Fischhändler Eures Vertrauens.«
DIE KÜCHENCHEFS

RINDERFOND

ZUTATEN
für ca. 5 l

2½ kg Rinderknochen,
vom Metzger klein gehackt

1 Zwiebel

2 Petersilienwurzeln

2 Karotten

1 Lauchstange

½ Sellerieknolle

Salz

3 Lorbeerblätter

1 TL schwarze Pfefferkörner

3 Zweige Thymian

4 Wacholderbeeren

2 Gewürznelken

——— Rinderknochen in kochendem Wasser blanchieren und danach in kaltem Wasser abschrecken. Die Zwiebel mit Schale halbieren und in einer Pfanne ohne Öl die Schnittstellen dunkelbraun rösten. Das Gemüse putzen, waschen und in kleine Würfel schneiden.

——— Die Rinderknochen in 6 l kaltem Wasser aufsetzen und zum Siedepunkt bringen. Salz zugeben, öfters Schaum und Fett abschöpfen. 3–4 Stunden langsam sieden lassen.

——— Während der letzten Stunde das Wurzelgemüse, die gebräunte Zwiebel und die Gewürze zugeben.

——— Den Fond durch ein grobes Sieb abgießen, dabei die Flüssigkeit in einem zweiten Topf auffangen. Dann noch einmal durch ein mit Küchenpapier oder einer Stoffserviette ausgelegtes Sieb gießen, damit alle Trübstoffe herausgefiltert werden. Fond nochmals abschmecken.

»Der Rinderfond ist pur oder als Grundlage bzw. zum Aufgießen von Saucen und Suppen geeignet.«
DIE KÜCHENCHEFS

KALBSJUS

—— Das Gemüse putzen, schälen und in walnussgroße Würfel schneiden. Die Knoblauchzehen längs halbieren. Die Champignons putzen und vierteln.

—— Die Kalbsknochen im erhitzten Öl unter Wenden goldbraun anbraten. Dann Gemüse und Champignons zugeben und goldbraun mit karamellisieren lassen. Das Tomatenmark zugeben und kurz anrösten. Zum Schluss die Gewürze sowie Rosmarin und Thymian zugeben, alles kurz erhitzen und mit etwas Rotwein ablöschen. Einkochen lassen, bis die ganze Flüssigkeit verdampft ist. Diesen Vorgang mit dem Wein in 5 weiteren Schritten wiederholen (durch diese Arbeitsschritte erhält die Jus ihre dunkle Farbe).

—— Nach dem Ablöschen mit dem Wein wird der Saucenansatz mit dem Rinderfond oder Wasser aufgefüllt, sodass die Knochen vollständig bedeckt sind. Alles bei milder Hitze im offenen Topf ca. 2 Stunden leicht köcheln. Zwischendurch immer wieder die Trübstoffe, den Schaum und das Fett abschöpfen.

—— Nach ca. 2 Stunden alles durch ein mit einem Küchentuch ausgelegtes Sieb in einen zweiten Topf abpassieren. Jus nochmals aufkochen und für 1 weitere Stunde bei milder Hitze einkochen. Nach der Einkochzeit sollten 500 ml Jus vorhanden sein. Man kann sie in kleine Einmachgläser abfüllen und bei 100 °C im Backofen für 30 Minuten einwecken.

ZUTATEN
für ca. 500 ml

2 Karotten
200 g Knollensellerie
250 g Zwiebeln
2 Knoblauchzehen
100 g frische Champignons
2 kg Kalbsknochen, vom Metzger klein gehackt
2 TL Pflanzenöl
4 TL Tomatenmark
1 Lorbeerblatt
1 TL weiße Pfefferkörner
4 Wacholderbeeren
2 Pimentkörner
1 Zweig Rosmarin
4 Zweige Thymian
500 ml trockener Rotwein
ca. 2½ l Rinderfond (siehe S. 236) oder Wasser

»Anstatt der Kalbsknochen eignen sich je nach Geschmack, Verwendung und Gericht auch Rinder-, Lamm- oder Geflügelknochen.«
DIE KÜCHENCHEFS

GEFLÜGELFOND

ZUTATEN
für ca. 4 l

1 ganzes Huhn oder
Hühnerteile vom Biobauern

¼ l Weißwein

1 daumengroßes Stück Ingwer

3 Knoblauchzehen

3 Lorbeerblätter

1 TL schwarze Pfefferkörner

3 Zweige Thymian

4 Wacholderbeeren

2 Gewürznelken

2 Petersilienwurzeln

2 Karotten

1 Lauchstange

½ Sellerieknolle

1 Zwiebel

Meersalz

Muskatnuss

Zucker

▬▬ Das Huhn gründlich mit kaltem Wasser waschen.
Dann in einem großen Topf mit ca. 4 l kaltem Wasser
bedecken, Weißwein zufügen, leicht salzen und langsam
erhitzen. Ingwer und Knoblauch schälen.

▬▬ Nach ca. 45 Minuten Lorbeer, Pfefferkörner, Thymian, Wacholderbeeren, Nelken, Knoblauch und Ingwer
zugeben. Sobald der Fond anfängt zu kochen, Hitze
reduzieren und den Schaum sowie das Fett abschöpfen
und weitere 45 Minuten ziehen lassen.

▬▬ Inzwischen das Gemüse schälen bzw. putzen und
waschen, die Zwiebel schälen. Alles in Würfel schneiden,
mit Salz und Zucker bestreuen, zum Fond in den Topf
geben und ca. 45 Minuten ziehen lassen. Sollte das Huhn
an der Oberfläche schwimmen, einfach mit einem Teller
beschweren, so kann es sein ganzes Aroma in die Suppe
abgeben.

▬▬ Huhn herausnehmen. Den Fond durch ein grobes
Sieb abgießen, dabei die Flüssigkeit in einem zweiten
Topf auffangen. Dann noch mal durch ein mit Küchenpapier oder einer Stoffserviette ausgelegtes Sieb gießen,
damit alle Trübstoffe herausgefiltert werden. Nochmals
abschmecken.

»Der Geflügelfond schmeckt pur, ist aber auch als
Grundlage oder zum Aufgießen von Saucen und
Suppen gut geeignet. Das gekochte Huhn kann für
weitere Gerichte verwendet werden: Die Haut entfernen, das Fleisch herauslösen und in mundgerechte
Stücke schneiden. Es ist eine hervorragende Einlage
für Hühnersuppen und -Eintöpfe, oder man verwendet es für saucenreiche Gerichte, wie Hühner-
Frikassee. Das Hühnchen kann man auch durch
Rinder- oder Kalbsknochen ersetzen – so erhält man
eine kräftige Fleischbrühe.« **DIE KÜCHENCHEFS**

BEURRE BLANC

——— Die Schalotten schälen und klein schneiden, in etwas Süßrahmbutter glasig anschwitzen. Dann mit Weißwein und Noilly Prat ablöschen und einkochen lassen. Mit dem Fischfond aufgießen und erneut einkochen lassen.

——— Wenn die Flüssigkeit auf ein Drittel reduziert ist, alles durch ein mit einem Tuch ausgelegtes Sieb passieren und mit der restlichen kalten Butter in Flöckchen abbinden.

——— Kräuter unter die Beurre blanc rühren, nicht mehr kochen lassen.

ZUTATEN
für ca. 300 ml

2 Schalotten

100 g kalte Süßrahmbutter

100 ml Weißwein

50 cl Noilly Prat

200 ml Fischfond
(siehe Grundlagen S. 235)

50 g kalte Salzbutter

2 EL gemischte gehackte Kräuter (Dill, Estragon, glatte Petersilie, Kerbel, Thymian, Kresse)

SAUCE BÉARNAISE

ZUTATEN
für 300 ml

FÜR DIE REDUKTION

10 Pfefferkörner

4 Stiele Estragon

4 Stiele Kerbel

2 Schalotten

4 EL Weißweinessig

150 ml Weißwein

200 g Butter

abgeriebene Schale von
½ Bio-Limette

4 Eigelb

Salz

Pfeffer

1 Stiel Estragon

Cayennepfeffer

—— Für die Reduktion Pfefferkörner andrücken. Kräuter waschen, trocken schütteln und grob hacken. Schalotten schälen und fein würfeln. Alle Zutaten in einen Topf geben und aufkochen. Dann auf ein Drittel einkochen lassen und durch ein feines Sieb passieren.

—— Die Butter bei geringer Hitze zerlassen und unter Rühren braun werden lassen. Limettenabrieb dazugeben, kurz ziehen lassen. Butter durch ein feines Sieb passieren.

—— Eigelbe zusammen mit der Reduktion im Wasserbad cremig schlagen. Darauf achten, dass die Eigelbe nicht zu heiß werden. Mit Salz und Pfeffer würzen. Topf vom Herd nehmen. Die Butter unter ständigem Rühren langsam einfließen lassen und die Sauce über dem heißen Wasser cremig rühren.

—— Estragon fein schneiden und mit 1 Prise Cayennepfeffer unter die Béarnaise rühren. Abschmecken und sofort servieren.

BBQ-SAUCE

ZUTATEN
für ca. 500 ml

200 ml Cola

600 g Schältomaten aus
der Dose

100 g Apfelmus

Salz

Pfeffer

Chili, Kümmel, Thymian,
Paprika, Cayennepfeffer,
Koriandersamen
(jeweils gemahlen)

Worcestersauce

Tabasco

——— Cola in einem Topf auf ein Viertel einkochen lassen.

——— Tomaten und Apfelmus zur reduzierten Cola geben, etwas Salz und Pfeffer dazugeben, das ganze 30 Minuten köcheln lassen. Dann je 1 Prise der gemahlenen Gewürze zufügen und nach weiteren 30 Minuten alles durch ein feines Sieb streichen. Die Sauce im Topf zurück auf die Herdstelle geben und weiter einkochen lassen, bis sie sich verdickt.

——— Mit Worcestersauce, Tabasco, Salz und Pfeffer abschmecken.

»Für eine schönere Präsentation der Sauce empfiehlt es sich, sie zum Schluss noch durch ein feines Sieb zu streichen.« **DIE KÜCHENCHEFS**

MAYONNAISE

———— Ei, Senf und Essig in einer Schüssel zusammen verrühren. Danach das Traubenkernöl langsam in einem dünnen Strahl unter ständigem Rühren einlaufen lassen, bis sich alles zu einer homogenen Masse (Emulsion) verbindet.

———— Die Mayonnaise mit Salz und Zucker abschmecken.

ZUTATEN
für ca. 250 g

1 Ei
1 EL mittelscharfer Senf
6 cl Sherryessig
150 ml Traubenkernöl
Salz
Zucker

»Wenn man die fertige Mayonnaise mit Zitronen-abrieb abschmeckt, bekommt sie zusätzliche Frische. Noch schneller lässt sich die Mayonnaise so zube-reiten: Ei, Senf und Essig in einen Mixbecher geben und mit dem Pürierstab anmixen, danach das Öl zu-geben und den Pürierstab langsam nach oben ziehen, so entsteht auch eine Emulsion.« **DIE KÜCHENCHEFS**

SALZZITRONEN

ZUTATEN
für 2 Stück

2 Bio-Zitronen

2 EL grobes Meersalz

———— Zitronen heiß waschen und an einem Ende ein X bis zur Mitte einschneiden. In jede Öffnung ½ EL grobes Meersalz füllen. Die Zitronen in einem luftdichten Schraubglas lagern.

———— Nach 6 Wochen das entstandene Wasser abgießen und die Zitronen mit frischem Zitronensaft aufgießen, danach weitere 8 Wochen im Kühlschrank stehen lassen.

»Salzzitronen sind vielseitig verwendbar. Im Couscous sind sie unserer Meinung nach Pflicht, überhaupt machen sie sich gut in orientalischen Gerichten, besonders zu Gemüse. Salzzitronen schmecken gut gegrillt – zu gegrilltem Fisch.« **DIE KÜCHENCHEFS**

KARTOFFELGNOCCHI

ZUTATEN
für 4 Personen

1,2 kg mehligkochende
Kartoffeln

30 g Butter

2 Eier

150 g Mehl

150 g Kartoffelstärke

60 g frisch geriebener
Parmesan

Meersalz

Muskat

———— Kartoffeln waschen, mit Schale ca. 20 Minuten in Salzwasser kochen.

———— Wenn die Kartoffeln weich sind, abschütten und im Backofen bei 160 °C (Umluft) noch mindestens 10 Minuten ausdämpfen lassen. Sobald man sie anfassen kann, die Kartoffeln schälen, durch eine Kartoffelpresse drücken und auskühlen lassen.

———— Für die Gnocchi 30 g Butter in einer Pfanne schmelzen lassen, durch ein Tuch passieren und zur Nussbutter bräunen, das heißt erhitzen, bis sie eine goldgelbe, nussähnliche Farbe angenommen hat. Durchgepresste Kartoffeln, Eier, Nussbutter, 100 g Mehl, 100 g Kartoffelstärke und Parmesan in einer Schüssel vermengen. Mit Salz und frisch geriebener Muskatnuss würzen. Falls der Teig zu weich ist, noch etwas Stärke und Mehl zugeben, bis er nicht mehr an den Händen klebt.

———— Salzwasser aufkochen. Gnocchiteig auf einer bemehlten Arbeitsfläche zu 2 cm dicken Rollen formen und in nussgroße Stücke teilen. Gnocchi im Salzwasser 4–6 Minuten bei mittlerer Hitze köcheln lassen. Dann mit einem Schöpflöffel herausheben und abtropfen lassen.

»Wenn man die Gnocchi erst später essen möchte, ist es sinnvoll, sie nach dem Garen in kaltem Wasser abzuschrecken. Am besten schmecken Sie aber, wenn man sie gleich mit der Sauce vermengt und auf das Abschrecken verzichtet. Guten Hunger!«
DIE KÜCHENCHEFS

KÜRBISGNOCCHI

—— Den Kürbis evtl. waschen, würfeln und in Salzwasser weich kochen. Anschließend durch ein Sieb abgießen, auskühlen lassen. Die Kürbisstücke in ein Küchentuch legen, gut auspressen und das Kürbisfleisch zu einem Püree mixen. Die Kartoffeln ebenfalls in Salzwasser weich kochen. Danach schälen und durch die Kartoffelpresse drücken.

—— Nun die passierten Kartoffeln und das Kürbispüree mischen und mit Mehl, Kartoffelstärke, Eigelb, Salz und frisch geriebener Muskatnuss zu einem glatten Teig verarbeiten. Die Arbeitsfläche bemehlen und den Teig darauf zu fingerdicken Rollen formen.

—— Rollen in ca. 3 cm große Stücke schneiden und jedes Stück mit einem Gabelrücken eindrücken. Die Gnocchi in Salzwasser ca. 4–5 Minuten köcheln lassen, mit dem Schaumlöffel herausheben und kurz abtropfen lassen.

ZUTATEN
für 4 Personen

300 g Hokkaido-Kürbis

Salz

300 g mehligkochende
Kartoffeln

200 g Mehl

50 g Kartoffelstärke

1 Eigelb

Muskatnuss

»Sollte der Teig beim Verkneten noch zu feucht sein, einfach etwas Stärkemehl dazugeben. Die Gnocchi ruhig ungleichmäßig groß formen, dann sieht man wenigstens, dass sie selbst gemacht sind.«
DIE KÜCHENCHEFS

RAVIOLITEIG

ZUTATEN
für 4 Personen

1 Ei

6 Eigelb

2 EL Olivenöl

Salz

geriebene Muskatnuss

400 g Nudelgrieß

—— Ei, Eigelb, 2 EL Wasser, Öl und Gewürze verrühren und ca. 30 Minuten stehen lassen.

—— Nudelgrieß zum Ei-Öl-Gemisch geben und alles zu einem geschmeidigen Teig verarbeiten. Teig in Klarsichtfolie einpacken und ca. 30 Minuten kühl stellen (so entspannt sich der Teig und kann besser ausgerollt werden).

—— Den Teig mithilfe einer Nudelmaschine dünn ausrollen.

FLAMMKUCHENTEIG

—— Zuerst 300 g Mehl in eine Schüssel geben. 325 ml kaltes Wasser, zerbröckelte Hefe und Salz zufügen. Mit den Knethaken des Handrührgerätes verrühren. Der Teig ist jetzt noch sehr flüssig. Die Schüssel mit einem Geschirrtuch abdecken und den Teig 30 Minuten an einem warmen Ort gehen lassen.

—— Danach den Teig weitere 4 Minuten rühren. Während des Rührens nach und nach weitere 200 g Mehl und das Olivenöl dazugeben. Teig weitere 30 Minuten gehen lassen.

—— Teig auf eine bemehlte Arbeitsfläche geben und mithilfe von Mehl einen Ball formen. Den Teig dritteln und jedes Stück zu einer Kugel formen. Teigkugeln in kleine Schüsseln oder Container geben, mit Frischhaltefolie abdecken oder einpacken und 24 Stunden im Kühlschrank ruhen lassen.

ZUTATEN
für 3 Teiglinge

500 g Mehl
¼ Würfel frische Hefe
20 g Salz
1 EL Olivenöl

»Man beachte: Der Teig sollte am Vortag gemacht werden!« **DIE KÜCHENCHEFS**

SPÄTZLETEIG

6 Eier

400 g Mehl

Salz

Pfeffer

Muskatnuss

etwas Butter

―――― Die Eier in eine Schüssel geben und mit einem Schneebesen aufschlagen. Danach das Mehl mit einem Holzlöffel einarbeiten und den Teig so lange schlagen, bis Luftblasen entstehen. Mit Salz, Pfeffer und frisch geriebener Muskatnuss würzen.

―――― Den Teig durch eine Presse drücken oder vom Brett in reichlich kochendes Salzwasser schaben. Wenn die Spätzle an der Wasseroberfläche schwimmen, mit einem Schöpflöffel herausheben, abtropfen lassen und in Butter nachbraten.

TAPENADE

Tomaten fein würfeln, Oliven grob hacken. Pinienkerne in einer Pfanne unter Schwenken bei mittlerer Hitze goldgelb anrösten. Dann abkühlen lassen und grob hacken. Vorbereitete Zutaten und Olivenöl gut miteinander vermengen, mit einem kleinen Spritzer Essig oder Zitronensaft, Meersalz und Pfeffer abschmecken. Wer mag, kann noch fein gehackte Sardellenfilets oder feine Paprikawürfel dazugeben.

ZUTATEN
für 4 Personen

80 g getrocknete Tomaten

150 g schwarze und grüne Oliven

1 EL Pinienkerne

2 EL glatte Petersilie, fein geschnitten

1 EL Thymianblätter

150 ml Olivenöl

Essig oder Zitronensaft

feines Meersalz

Pfeffer aus der Mühle

»Die Tapenade passt gut zu gegrilltem Fleisch und Fisch. Sie lässt sich mit Balsamico und etwas mehr Olivenöl aber auch zu einer Vinaigrette strecken.«
DIE KÜCHENCHEFS

DANKESCHÖN ...

Sich zu bedanken gehört nicht nur zum guten Ton, sondern uns ist es ein echtes Bedürfnis, folgenden Menschen/Firmen von Herzen zu danken.

VOX

Frank Hoffmann, Häuptling/Geschäftsführer und unser erster Kontakt bei unserem Wechsel zum Kölner Sender der Herzen
Kai Sturm, oftmals auf Abwegen von Show zu Show, uns aber lieb und wert und ein Partner an unserer Seite
Ralf Nöbel, mit Herz und Tat seit unendlich vielen Jahren in Sachen Bücher & Merchandising für VOX auf und in der Spur und auch für uns stets mit Rat und Tat zur Stelle
Christoph Richter, seit 2008 bei VOX und für uns von Beginn an dabei. Auf seinen Schultern liegen auch zahlreiche andere Formate wie *Goodbye Deutschland! Die Auswanderer, auf und davon – Mein Auslandstagebuch, Daniela Katzenberger – natürlich blond , Prominent!* und so weiter ...
Michael Schnepper Wir wachsen zusammen! Danke Michael ;-))

Und allen weiteren, die an unserem Format beteiligt sind.

UNSERER PRODUKTION, DIE FIRMA EYEWORKS
DAS »TEAM BÜRO«: **Silke Satin** *(Head of Production Entertainment)*, **Boris Waßerka** *(Producer, Imperator, the one and only)*, **Laura Schnitzler** *(Production Coordinator und junge Mutti für alles!)*, **Asita Rademacher** *(Castingleitung)*, **Dörte Bahne** *(Castingredaktion)*, **Marnie Zelaskowski** *(Castingredaktion)*, **Helena Salameh** *(Castingredaktion)*, **Laura Lam** *(Castingredaktion)*, **Marc Schütze** *(Grafik)*
DAS DREHTEAM: **Harald Hotz** *(Realisation)*, **Claudia Koppe** *(Realisation)*, **Monique Liliensiek** *(Realisation)*, **Gilda Losing** *(Realisation)*, **Heike Schmidt** *(Realisation)*, **Stefanie Moser** *(Aufnahmeleitung)*, **Alexandra Heinzelmann** *(Maske)*, **Claus Kain** *(Ausstattung)*, **Mark Mathias** *(Set-Fahrer/Ausstattungsassistenz)*, **Benno Sonnen** *(Kamera)*, **Benjamin Frank** *(Ton)*, **Ronald Tanz** *(Kamera)*, **Jan Heidebreck** *(Ton)*, **Sören Sterzing** *(Ton)*
DIE CUTTER: **Michael Pfeiffer, Dariush Noori, Frank Keuper, Denis Schnack**

UNSERER MANAGERIN
Manu (Manuela Ferling), die immer ein offenes Ohr für uns hat und ohne die es uns so gar nicht geben würde.

EDEL GERMANY UND ALLEN MITWIRKENDEN
Constanze Gölz, Ulrike Jänecke, Jörg Hailer, Klaus Arras, Steven Haberland, Amelie Solbrig, Katja Briol, Irene Rüter

UND
Silit, F.Dick, Christian Romanowski und kochmesser.de, Microplane/ Ines Byham, Schott Zwiesel und Jenaer Glas, Bosch Hausgeräte, Kaiser Backformen, HINSCHE Gastrowelt, Arts of Light, MKN Maschinenfabrik Kurt Neubauer, Thüros, Bartscher, Sto AG, Clear Flame, Kahla Porzellan und allen lokalen Gewerken wie Elektrikern, Gärtnern, Installateuren, Metzgern, Bäckern, und vielen anderen, die unsere Einsätze vor Ort immer tatkräftig unterstützt haben.

Und natürlich allen Zuschauern unserer Sendung und den Lesern dieses Buches!

AUTOREN

MARTIN BAUDREXEL verfeinerte seine kulinarischen Kenntnisse in Kanada, zuerst in Montreal, dann in Quebec. Zurück in Deutschland eröffnete er das Restaurant *Rubico* in München. Heute betreibt er das Restaurant *Isargold,* ebenfalls in München.

MARIO KOTASKA erbte seine Kochleidenschaft von Oma. Im Kölner *La Société* erkochte er sich seinen ersten Stern. Seit 2009 sorgt er zusammen mit Martin Baudrexel und Ralf Zacherl im Format *Die Küchenchefs* für frischen Wind in eingefahrenen Gastronomiebetrieben.

RALF ZACHERL stammt aus einer Gastronomenfamilie und bezeichnet sich selbst schon mal als »Kneipenkind«. Bereits mit 26 Jahren bekam er seinen ersten Michelin-Stern. Durch Fernsehformate wie *Die Küchenchefs, Lanz kocht* und *Küchenschlacht* ist Ralf Zacherl einem breiten Publikum bekannt.

IMPRESSUM

© 2012 Edel Germany GmbH, Hamburg
www.edel.com
1. Auflage 2012

In Zusammenarbeit mit der VOX Television GmbH, Köln
www.vox.de

VOX und *Die Küchenchefs* © VOX Television GmbH 2012

Projektkoordination: Constanze Gölz
Rezeptmitarbeit: Jörg Hailer | www.petitfour-kochschule.de
Lektorat: Irene Rüter
Umschlagfotografie: Steven Haberland | www.stevenhaberland.de
Foodfotografie: Klaus Arras | www.klausarras.de
Foodstyling: Katja Briol
Moods: Seiten 68, 106, 161, 199 sowie Abbildungen auf Vor- und Nach-satzpapier © Stefanie Moser;
Seiten 4, 116 © Klaus Arras
Umschlaggestaltung, Layout und Satz:
Groothuis, Lohfert, Consorten, Hamburg | www.glcons.de

Printed in Germany

Druck und Bindung: optimal media GmbH, Röbel

ISBN 978-3-8419-0146-0